JN094818

平和の翼と波を広げる

― 現在・過去・未来 ―

Spreading Wings and Waves of Peace

Past, Present, and Future

はしがき

　長崎大学と国際基督教大学のキャンパスには、第2次世界大戦末期に軍事施設があった。爆心地に近い長崎大学文教キャンパスには、日本海軍による真珠湾攻撃に使用された高性能な魚雷を製作していた三菱長崎兵器製作所大橋工場があった。国際基督教大学三鷹キャンパスには、真珠湾攻撃の日に建設着工された中島飛行機三鷹研究所があり、アメリカ本土攻撃のための戦略爆撃機「富嶽」の研究開発が行われていた。

　かつて戦いのための兵器を作っていた両大学のキャンパスでは、戦後は平和の翼と波を広げる若い世代を養成している。両大学は包括的連携協力に関する協定（2019年3月締結）に基づき、平和の現在、過去、未来を探究するための共同研究プロジェクトを開始した。2019年12月7〜8日の真珠湾の日に、現在の課題としての「グローカリゼーション研究と持続可能な開発」、過去の記憶としての「長崎歴史文化研究と世界遺産」、未来のシナリオとしての「平和研究と軍縮教育」の3分野に焦点を当てた公開シンポジウムを国際基督教大学で開催した。本書はこのシンポジウムでの研究報告をまとめたものである。本書の発刊を通じて、両大学が共有する世界平和の確立に資するための研究、教育、地域貢献、国際交流など幅広い分野の連携を強化したいと願っている。

　本書の刊行にあたっては、河野茂・長崎大学学長、日比谷潤子・国際基督教大学学長をはじめ、吉田文彦・長崎大学核兵器廃絶研究センター長、佐藤豊・国際基督教大学アジア文化研究所長、笹尾敏明・国際基督教大学平和研究所長、川良真理・長崎文献社副編集長など多くの方々のご協力を得た。記して謝意に代えたい。

　　2020年3月

　　　　　　　　　　　　　　　　　　　　　　海蔵寺 大成

1

目次

第Ⅲ部 ＜未来のシナリオ＞ 平和研究と軍縮教育

序　章
平和の翼と波を広げる
―現在・過去・未来との対話―

M. ウィリアム・スティール

1.地球的危機を乗り越える行動のために

　　歴史とは過去・現在・未来との対話である。歴史学には、過去と可能な未来への批判的検討が伴う。歴史学は、人々の心を開かせるものであり、閉じさせるものではない。1941年12月7日（日本では12月8日）真珠湾の日は、当時のアメリカ人にとって、日米戦争が始まった汚名の日として刻まれた。これを機にアメリカは第2次世界大戦に参戦し、同時に日本のアジア侵略は太平洋地域に拡大した。1941〜45年の4年間にわたる空前の世界大戦は広島と長崎への恐ろしい原爆投下で終焉し、日本と世界の歴史に汚点を残した。私たちはこの過去から何を学んだだろうか。より良い未来を創造できるだろうか。大学では何をどう教え、学生たちは何をどう学ぶことができるだろうか。今日直面する地球的危機を乗り越えるために大学教育をどう役立てるべきだろうか。大学は、何をなすべきか。その行動アジェンダを国際基督教大学（ICU）と長崎大学から発信したい。

2.現在の課題

　　ICUと長崎大学は、現在の世界が直面している一連の危機を克服するための教育を学生に提供する必要性を認識しており、そのための努力もしている。21世紀の20年を経た今、私たちは前例のないリスクにさらされている。世界経済フォーラムがまとめたグローバルリスク報告書によると、「世界は夢遊病のように危機に突入しようとしているのか。グローバルなリスクは高まっているのに、それらに取り組む

グローバルな意思は欠けている」(World Economic Forum, 2019: 6)。経済・環境・地政学的・社会文化・技術など5つの分野でのリスクが高まっているが、中でも環境と地政学的なリスクが高いと認識されている。それは、人類が1世紀半をかけて産業化と軍事化、つまり「富国強兵」を追求してきた結果である。過去50年間にわたり核兵器削減や戦争を回避するための平和運動を積極的に展開してきたにもかかわらず、また同じく過去50年間にわたって大気・海洋・土壌の汚染、森林破壊、砂漠化、生物多様性損失への対策や温室効果ガス削減のための積極的な環境運動が行われてきたにもかかわらず、核兵器問題と地球環境問題という2大危機はますます危険の度合いを増しているように見える。ノスタルジックな過去に戻ることはないが、将来は大丈夫だろうか。平和は可能だろうか。環境の持続可能性はどうだろうか。

　ICUと長崎大学の両大学は、平和への脅威と環境への脅威という近い将来の終末論的リスクに立ち向かうひとつの手段—おそらく最も効果的な手段—として、教育と研究に取り組んでいる。幸いなことに、両大学だけではなく、世界中の各大学でそうした取り組みがなされている。ICUのような小規模のリベラルアーツ大学でも、長崎大学のように大規模な総合大学でも、どちらもパートナーシップを通じて、専門的な学問領域のリソースを学際的な教育プログラム、研究センター、社会へのアウトリーチ・プログラムに組み合わせて活用することができる。

　ICUではリベラルアーツ教育と平和研究が、1953年に第1期生を受け入れて以来、教育研究の核心となっている。ICUは1952年4月28日（日本では4月29日）サンフランシスコ講和条約締結の日に献学された。現在もICU三鷹キャンパスの大学図書館前でその平和記念碑を見ることができる。長崎大学の創基は、1857（安政4）年11月12日に日本で最初の医学校として設置された医学伝習所に遡る。その後、病院・師範（教員養成）・薬学・商業・看護・水産・経済・工業経営などの専門学校が設置されたが、1945年8月9日の原爆投下はこれらの多くを破壊した。戦後は1949年に戦前の専門学校を統合して、5つの学部（学芸・経済・医学・薬学・水産学）をもつ新制国立大学になった。ICUが第1期生を受け入れた1953年には、長崎大学の当時

の学芸学部が大村市から長崎市大橋町(現在の文教キャンパス)に移転した。「地球の平和を支える科学を創造することによって、社会の調和的発展に貢献する」という長崎大学の理念は、ICUのリベラルアーツ理念と共通するところが多い。両大学ともに、世界や地域の諸課題への関心、グローバル化と平和教育、問題解決能力・創造的思考・コミュニケーションスキルなど、学生が地域と世界の諸問題に創造的に対処するために必要な能力を養成するなど、両大学ともに今日のリベラル教育の先駆者である。

リベラルアーツとは何か。この質問に答える前に、私自身の経験を挙げておく。私は1960年代にアメリカのリベラルアーツ・カレッジの学部生として歴史学をメジャーに選び、また心理学をマイナーに選んで学んだ。スペイン語と日本語の授業も履修した。社会科学と人文科学の幅広いコースを履修した。自然科学については数学と天文学も学んだ。生態学も履修し、大学キャンパス・ガーデンでメロンを栽培した。そして、ICUに1年間交換留学した。このようにリベラルアーツの学びは幅広い経験であり、私の好奇心をさまざまな方向に引き伸ばした。日本研究をする過程で、自分の国であるアメリカもよりよく理解するようになった。それは単なる教育ではなかった。オーラル・コミュニケーションやライティング・スキルが得られた。芸術への意識も育まれた。学部生時代にクラシック音楽に出会い、中世のマドリガーレに魅せられた。

リベラルアーツ教育は、学生が厳格で合理的で倫理的に考える方法を訓練する。このリベラルアーツ教育の目標は、現在でも変わらない。単に知識を蓄積するのではなく、考え方自体を学ぶ。しかし、戦後のリベラル教育には大きな変化もあった。象牙の塔の破壊における最も重要な変化は、教育は少数のエリート向けではなく、より多くの市民向けになったことであろう。リベラルアーツ教育は自己の修養であると同時に、グローバルな展望の修養でもある。多文化主義や国際主義は、多文化世界で生きる能力を持つグローバル市民を創造するという目標を持つ。しかし新たなリベラルアーツ教育の何よりも重要なポイントは、新しいリベラル教育を通じて思考を行動に移すことである。「アクティブ・ラーニング(能動的学習)」や「行動するリベラルアーツ」などICUも長崎大学も、創造的で批判的な思考と問題解決の重

要性を強調している。

　米国カレッジ・大学協会のリベラル教育の定義（AAC&U, 1998）によれば、「考え、学び、厳密かつ創造的に自己表現する能力、思想や課題をコンテクストに沿って理解する能力、社会の中で生きることに対するコミットメント、真実の希求—これらは人間性の基本的特徴である。教育をこうした資質の中心に捉える上で、リベラル学習は私たちが共有する未来への、社会への最大の投資である」。教育は、将来の世界の指導者となる学生たちが現実的課題に対処するのに役立つ。人災と天災—現在私たちが直面しているリスク—とりわけ核戦争の脅威、9.11テロ攻撃（2001年）に続く不安、3.11（2011年）地震・津波・原発事故、世界各地での火災や洪水（2019年）など絶えず増大する災害の脅威、天然資源の無謀な過剰消費によって引き起こした地球環境破壊の容赦ない亢進がとくに恐ろしい。

　これらはグローバルだがローカルな問題でもある。リベラルアーツ教育に取り組む大学は、現在、こうした問題群にどう取り組んでいるのか。長崎大学とICUのこの共同研究プロジェクト自体がそうだが、ICUのいくつかの大学附置研究所では、教員や学生や地域を巻き込んだ学際的な研究教育活動をしている。平和研究所では平和教育に関する研究活動の他、韓国・沖縄・旧ユーゴスラビアなどへのフィールド・トリップを展開している。社会科学研究所でも上智大学グローバル・コンサーン研究所との共催で毎年実施する国際シンポジウムのほか、安全保障・環境・人権の問題が交錯する沖縄に焦点を当てたマコーマック（McCormack, Gavan）教授（オーストラリア国立大学）による公開講演会などを実施した。ジェンダー研究センターでも活発な研究活動を実施しており、ジェンダー・セクシュアリティ研究メジャーや環境研究メジャーなど学際的な教育研究活動に取り組んでいる。アジア文化研究所では、アジアにおける過去・現在・未来の諸問題について一連のシンポジウムや月例のアジアンフォーラムを実施している。サービス・ラーニング・センターでは、国内のNPO・自治体・福祉施設などでのコミュニティ・サービス・ラーニング、アジアやアフリカなど世界各地での国際サービス・ラーニングを推進している。長崎大学との包括連携協定に基づき、長崎平和推進協会や長崎大学核兵器廃絶研究センターで

のサービス・ラーニング活動も実施している（長崎新聞, 2019）。また、世界の6大学に設置されているうちのひとつのICUロータリー平和センターでは、世界各地から留学している世界平和スカラーたちが平和研究や紛争解決を学んでいる。環境問題に関する学生活動としては、毎年5月のICU環境意識週間（E-week）にICUサステナブル・キャンパス委員会の学生ワーキンググループSUSTENAが環境意識向上に取り組んでいる（ICU, 2019）。こうしたイベントは学生が主体として企画・行動しており、食品トレーを再生・再利用するリ・リパックや途上国の子どもたちと食事を分かち合うTable for Twoを大学食堂に導入するなどの実績に結びついている。学生活動の中には、構内の畑で野菜や花を栽培するグループや地域農業の地産地消活動を推進するグループもある。人権活動に取り組む学生団体も多い。平和と環境と人権は相互に関連するものである。ICUでは、1948年国連総会で採択された世界人権宣言の起草委員会委員長だったエレノア・ルーズベルトが1953年にキャンパスを訪れて第1期生と対話をして以来、入学式で世界人権宣言の原則に立って学生生活を送ることを誓約する学生宣誓に新入生一人ひとりが署名している。

　長崎大学の学生、とくに2014年に新設された多文化社会学部は、「ローカル」から「グローバル」を目指す特色あるカリキュラムを学生に提供している。国際公共政策、社会動態、共生文化、言語コミュニケーションのコースの他、オランダ特別コースも用意されている。文理融合の環境科学部では、環境政策と環境保全設計のコースが提供されており、「人間と環境の調和的調整という人類史的課題」に取り組んでいる。さらに、被爆地に存在し、被ばく医科大学の歴史を継承する大学として、長崎大学核兵器廃絶研究センターは、核兵器廃絶に焦点を当てた教育研究や政策提言に取り組んでおり、「市民のためのシンクタンク」の使命を負って核兵器廃絶のためのデータや情報を市民に対してグローバルに提供している[1]。

3.過去の記憶

(1)真珠湾と原爆

　前述したICUと長崎大学の教育研究プログラムは、それぞれの歴史的経験に一部由来するものでもある。両大学ともかつての日本の軍国主義と直接的かつ具体的な関係を持っている。長崎大学とICUのキャンパスには、とりわけ戦争や原爆に関する過去と現在とをつなぐ具体的で個人的にアクセス可能な建物や記念碑などの遺産がある。大量殺戮兵器や環境危機など世界が直面する危機に立ち向かうための学びの場に転換したのである。

　原爆は約7万人の長崎市民を犠牲にした。爆心地から南東約500mに位置した旧長崎医科大学正門門柱は被爆当時のまま保存されており、坂本キャンパス構内にあるグビロが丘には原爆犠牲者慰霊碑がある。また、旧長崎師範学校の跡地である文教キャンパスの正門近くにも原爆慰霊碑があり、旧長崎師範学校の犠牲者の名前が刻まれている。文教キャンパスの場所には、かつて三菱重工業長崎兵器製作所大橋工場があった。爆心地から約1.5kmに位置したため原爆で完全に破壊され、2,273名が犠牲になった。浦上の爆心地は、富国強兵として知られる日本の近代化戦略の中心地でもあった。日本海軍による真珠湾攻撃に使用された九一式魚雷を製造したのは、大橋工場であった。長崎大学のキャンパスでは、真珠湾攻撃で始まり、長崎への原爆投下で終わった太平洋戦争の遺構や平和祈念イベントを通じて日常的に目に見える形で記憶再生ができる。

　ICUについても同様のことが言える。大学本館の建物は、戦前日本最大の軍用機メーカーだった中島飛行機の三鷹研究所だった。ICUキャンパス付近は大きな爆撃を受けなかったが、約5km離れているJR三鷹駅北側にあった中島飛行機武蔵野工場は激しい爆撃を受けた。当時最先端だった武蔵野工場では、九七式艦上攻撃機(中島B5N、アメリカ側のコードネームはKate)が製造された。真珠湾攻撃では、三鷹で製造されたこの九七式艦上攻撃機が長崎で製造された九一式魚雷を搭載して出撃したのである。そしてまさに真珠湾攻撃の日に中島飛行機創立者の中島知久平らがのちにICU大学本館として使用している場所で三鷹研究所の着工

式を執り行っていたのである。

1920年代、日本軍部は技術第一主義をスローガンとして掲げ、陸海空軍の近代化計画を推進した。1918年に設立された中島飛行機は、革新的で先駆的な新技術開発と在来技術の拡大で、次々と新しい飛行機やエンジンを設計した。中島知久平は最初の工場を群馬県に置いたが、1924年に荻窪に東京工場を作り、1930年代に需要が増加すると、1937年に生産施設を拡大して近代的な武蔵野工場や三鷹研究所を設立した。武蔵野工場は陸軍のエンジンを製造する近代的な工場で66万m²の敷地にピーク時には5万人の従業員を雇用し、2万5,000人ずつ二交代制で勤務していた。フォーディズムによる最先端の製造ラインとテイラーイズムによる科学的管理システムが組み込まれ、生産過程、物流、労働管理も厳密に検討された。一流の生産施設と従業員の福利厚生は当時最先端だった（Takenaka, n.d.: 2）。

三鷹研究所の設立は1939年から計画された。その目的は航空機の研究だけでなく、政治・経済・高額の総合研究所を設立することだった。日本の将来のための広範囲にわたる計画だったので、165万m²（60万坪）もの広大な土地が1940年に確保された。現在のICUキャンパスの3倍の敷地で、今日のルーテル学院大学、東京神学大学、住宅地、SUBARU東京事業所、野川公園、アメリカンスクール・イン・ジャパン、さらには府中運転免許試験場がある敷地も含まれた。

この間、三菱・川崎・中島などいくつかの企業が新しい技術を共同開発し、比類のない射程・速度・装備・機動性を備えた国産の零式艦上戦闘機が完成した。中島は新しい技術や設計を継続し、初期のジェットエンジンさえ開発した。その部品の一部が2017年にICUの学生によって再発見された（長島, 2017）。

中島知久平は軍部や実業界のエリートと密接な関係を持ち、政治にも関わるようになった。1936年2.26事件後には、鉄道大臣として初入閣し、戦争の取り組みに深く関わった。海軍の零式艦上戦闘機に次いで多かった、陸軍の一式戦闘機「隼」も設計した。戦争初期の1943年、日本が優勢だった頃の中島は楽観的だったが、鋭い知性を持つ彼は産業力と資源力が日米間で大きな違いがあることを憂

慮し、米国空軍の戦略動向に注目した。中島はB-29やB-36などの戦略爆撃機の開発状況から、1944年秋にはB-29によって日本は攻撃されると判断した。これに対処するため、1943年8月に中島は「必勝戦策」という大論文を完成させ、戦略を変えて優勢を取り戻す方法を提案した。彼は自信をもってこの論文50部を政治家や官僚に配付した。彼の戦略の中枢は、日本から太平洋を横断してアメリカ本土を爆撃して給油せずに戻ることができる大型遠距離戦略爆撃機「富嶽」の開発の取り組みであった。これに先立ち、1943年初頭には中島飛行機の幹部が集められ、6つの新エンジンを持つ「Z飛行機」の概念が説明されていた(Takenaka, n.d.: 4)。その計画を促進するために「必勝防空計画」が開始され、富嶽の巨大な組立工場も三鷹研究所構内に作られたのである(碇,1979)。富嶽のエンジンは、大学本館となっている建物の東側2階で開発された。富嶽は、現在のジャンボジェット機とほぼ同じサイズの超巨大飛行機になるはずだった。しかし、当時の日本にはその巨大飛行機を製造するのに十分な技術や力はなかった。1944年夏までに、日本は米軍のB-29爆撃機による空襲を受け、中島の計画は失敗した。このプロジェクトに関与した設計主任は次のように回想している(高柳 2012: 10)。

　この発動機を完成させることが日本を勝利に導く唯一無二の手段であると固く信じ込み、あらゆるものを投げ打って、この完成にまい進した。設計部隊は約50名で、現在、東京三鷹にある国際基督教大学本館2階に陣取って、それこそ全員寝食を忘れてがんばった。いま私は職場が武蔵野市にあるので、近くの国際基督教大学構内をときおり訪ねてみては、「夏草や兵ものどもが夢の跡」の句を思い出している。

　1945年に日本政府は、富嶽計画を放棄することを決定し、代わりに帰還することのない、ごく小さなひとつのエンジンしか持たない神風特攻兵器の設計・製造に集中するよう中島に命じた。その特攻機がキ115「剣」であった。
　1952年4月29日の昭和天皇誕生日は連合国軍の占領が終了した翌日だった

が、日本と北米のキリスト教教育者、篤志家、皇室、米国・英国・カナダ・インドなどの多様な人々の寄付が集まって、この建物と敷地とを平和と国際主義、キリスト教ヒューマニズム、リベラルアーツの学びに捧げ、神の栄光と人類への奉仕に献身する大学を献学した。二度と戦争は起こしたくない、そのためには何が必要かという問いへの回答として新しい大学で新しい教育を行おうという理念があった。ICUの大学本館は、イザヤ書2章4節にある聖句の生きた証である。

　彼らは剣を打ち直して鋤とし
　槍を打ち直して鎌とする。
　国は国に向かって剣を上げず
　もはや戦うことを学ばない。

　長年、本館は大学そのものであり、教室だけでなく図書室、事務室、会議室があった。初代学長の湯浅八郎がデザインしたこの建物は新しい大学の心と魂であった。献学式典では、大学図書館の前庭に松の植樹と「平和記念1952」と刻まれた小さな記念碑も設置された。本館はICUだけでなく日本にとっても歴史的に重要な遺産である。

　2011年12月に行われた本館70周年記念式典では、本館正面玄関に記念プレートが設置され、「70周年を記念して、この建物は、すべての人々、すべての国、すべての宗教の間の平和、寛容、理解、人権尊重を促進する教育に再び捧げる」と記されている。

　ICUキャンパスの正門から1km近くにわたる桜並木を見て、多くの学生はそれが中島飛行機時代の滑走路の名残ではないかと思っているかもしれない。しかし、実際には、この桜並木通りは戦後の平和運動と反核運動に関連している。多くのアメリカの市民が、核兵器によって引き起こされた大きな被害に心を痛めていた。彼らはこのような武器が二度と使用されないことを確認したいと思い、和解と悔悟の目に見える証としてICUのために資金が集められ、1953年に「核戦争を防止

し、平和と隣人愛を祈念して植樹された」のである[2]。

（2）もうひとつの歴史：日本におけるキリスト教

　長崎原爆の爆心地にあった浦上天主堂は、1879年に建てられたもので多数の信徒が犠牲になった。1865年3月27日のプティジャン（Petitjean, Bernard-Thadée）神父の信徒発見で知られる大浦天主堂とともに、潜伏キリシタン発見の地でもあり、聖母マリアの前で祈りを捧げるように期待されている。このことは日本におけるキリスト教、精神性、ヒューマニズムの過去・現在・未来の問題と、抑圧・弾圧・人権否定の問題とを提起している。日本の事例は、世界的な平和運動が単なる軍備縮小や、軍事技術の民生・平和目的への転換でないことを想起させる。中島飛行機は、戦後に富士重工業となり「スバル」としてスクータ、バス、小型乗用車を生産している。三菱や他の戦前の軍事産業の大企業も、（望むらくは）軍事生産を放棄してより平和な産業を追求した。しかし、平和の追求には技術や政権の転換以上のものが必要である。それは、思考の変化、心の変化に他ならない。ここで教育が重要となる。ICU初代学長の湯浅八郎が1951年の新しい大学の使命を策定した際に述べたように「ICUはかくして現代の日本が最も必要とする道義性と国際性とを高揚し涵養して、世界に信頼せられ、尊敬せられ、愛せられる平和日本人をつくらんとするものである。人類を友とし、世界をわが家とする国際日本人を育てたいのである」（湯浅, 1951）。

　長崎大学の教育の使命はキリスト教のそれではないが、それにもかかわらず長崎にはキリスト教の遺産と、近世の弾圧や隔離の時代から生まれた遺産、そして核戦争の恐怖、慈悲なき戦争被害を受けた歴史を考えると、長崎大学とICUとそして多くの他の日本の大学が教育の使命の中心として、非暴力・平和・包摂・人権・出会い・対話を強調したのは自然なことであろう。

　2019年12月のローマ教皇フランシスコ（Pope Francis）の日本訪問の際、強力な反核兵器のメッセージが伝えられた。教皇は長崎と広島を訪れ、被爆者と出会い、豊臣秀吉の命令で26人のカトリック信者が処刑された「日本二十六聖人記念館」

で祈った。教皇フランシスコは、核兵器が何らかの形で世界平和に貢献できるという考えを非難した。消極的平和の代わりに、世界中の宗教思想家の信条を繰り返した。相互破壊ではなく「対話の文化」を通じて積極的平和を達成することを訴えたのである。核の威嚇によって、平和は提案できない。彼はまた核兵器の使用・生産・貯蔵の犯罪を自然環境に対する犯罪として関連付けた。軍備拡張競争は重要な資源を無駄遣いしているからである。教皇フランシスコは、人々の苦しみのためだけではなく、地球の苦しみのためにも祈りを捧げた。ローマ教皇訪日の目的は「すべての命を守るため」であり、強烈な環境メッセージも含まれていた。私たちは皆、私たちが住んでいる家である地球を汚染・破壊、自然資源の過剰利用から保護する義務がある。

　長崎大学の核兵器廃絶研究センターと多文化社会学部は、批判的思考スキルと問題解決スキルを備えたオープン・マインドな学生を育成し、地域・国家・世界の問題の解決に役立てることを教育使命の基礎としている。今日世界が直面している大規模で潜在的に壊滅的な問題—核戦争、テロリズム、地球環境破壊など—に対処するために協力する、思いやりのある、責任のあるグローバル志向の地球市民を育てる。これは理想のように聞こえるかもしれないが、過去を振り返り、原爆と戦争の悲劇を知り、洪水や火災などの最近の自然災害の歴史を知って、私たちはより良い未来を創造するために前進しなければならない。そうでなければ、絶滅が待っている。

4.未来への展望
　私たちは歴史から学んでいるか。未来を憂慮しているか。過去を学び、未来を憂慮しているのであれば、何をなすべきか。決して誇張ではなく、地球環境の破壊は今日私たちが直面する最大の挑戦である。「私たち」とは地球に暮らす私たち全員のことである。そのために、ICUは十分に行動しているだろうか。長崎大学は十分に行動しているだろうか。日本は十分に行動しているだろうか。米国は十分に行動しているだろうか。私たち全員が十分に行動しているだろうか。どのような解決

策があるのか。解決策があるのなら、それは実行されているか。実行されていないとしたら、それはなぜか。いったい何をすべきなのか。

　サステナビリティとは「将来世代のニーズを損なうことなく、現代世代のニーズを満たす開発」（WCED, 1987）、つまり過去・現在・未来をつなぐものとして定義される。それは、環境問題・国際関係・平和の安全・社会正義・人権・技術・グローバル・ヘルスなど私たちが直面する多様で複雑な脅威をつなぐものでもある。そうしたサステナビリティは、平和研究の幅を広げ、包括的なアプローチをとる概念でもある。

　持続可能性の倫理とは、土地や自然環境の使用を軽減し、再生可能エネルギーに依存し、核兵器を放棄し、最終的には人々と国家間の諸問題を解決する手段としての戦争自体をなくす。経済成長の絶えざる要求と期待による勝ち負け社会をやめ、持続可能性社会に置き換える。これは夢のシナリオだろうか。そうかもしれない。しかし、他の選択肢はあるだろうか。持続可能な開発は、自然環境を破壊・劣化させることなく、人間の基本的なニーズを満たすローカルおよびグローバルな取り組みのバランスをとることで構成される。まず、スピードを落とし、優先順位を見直し、より良い未来を築くために、現在と過去の上にどのように新しい社会を再構築することができるだろうか。教育は、世界的な危機に立ち向かい、克服するのにどのように役立つか。

　湯浅八郎が教育によって、偏狭なナショナリズムを「人類を友とし、世界をわが家とする」グローバル倫理に置き換えようと夢見たように、教育によってグローバル・サステナビリティ倫理を尊重することを育成することができる。新しいグローバル倫理は、私たち全員をグローバル市民としてすべての人類を隣人とし、地球全体を私たちの家として認識しケアすることを駆り立てる。軍産複合体はなお健在で、それを存続させる既得利益も多く存在することは承知しているが、それでもこの「夢」は価値ある必要な目標である。ICUや長崎大学が持っている平和研究や環境研究のプログラムやカリキュラムを活用して、実践できることが数多くある。レオポルド（Leopold, Aldo）の言葉を借りれば、「山のように考える」（レオポルド, 1997）ことである。「国家のように考える」のでも、「産業界や企業のように考える」のではない。

(1) 大学の使命を教えよう

　まず、大学の使命に向けて、地に足をつけてボトムアップで教える。それはローカルから、自分ごととして、目の前のものを手に触れる実例から学び始めることである。驚くべきことに、ICUの学生はICUの歴史についてほとんど知らない。長崎大学の学生は、長崎大学の歴史を知っているだろうか。だからこそ、私は20世紀のローカルなICUの歴史を日本と世界の歴史に関連付けて学ぶ「近代日本とICU」という新規科目を設置した。今ここにあるこの建物、大学本館を重要な教材として使用する。その建物を通して、戦前日本の軍国主義を理解し、戦後の新しい平和な日本と日本人への希望も理解することができる。今ここにあるキャンパスを教室として使用する。一般教育科目「世界環境史」では、大学キャンパスとその周辺地域から始め、その土地・水・農業・都市の変化に注目した。100年前、1000年前にここに何があったのか。日本における具体例から開始して世界に焦点を当て、産業革命から今日に至るまでの時間を辿る。さらにもうひとつの一般教育科目「リベラルアーツの歴史」も担当した。当初、学生たちはリベラルアーツが何を意味するのかを十分に知らず、あるいは非常に単純な見方しか持っていなかった。ICUのカリキュラムと教育が、他大学のそれとどのように、なぜ異なるかを知らなかった。「人権論」の授業でも地に足を着けて、大学の使命を教えてきた。具体から始めて一般へ、ローカルから始めてグローバルに焦点を移した。

(2) 手を汚そう

　手を汚そう。ICUの場合は、原点に戻るべきだろう。初期のICUには農場や牧場があり、学生たちの栄養のために野菜や牛乳がつくられていた。当時、そこでの作業に学修単位は付与されなかったが、若干の報酬が支払われた。ICUには農場を再建する土地があり、学生たちは手を汚しながら働き、学び、学修単位を取得することができるだろう。キャンパスで栽培された野菜はICU食堂に提供できるだろう。食品ロスをなくすために、生ごみは堆肥やバイオマス・エネルギーの生産に活用できるだろう。キャンパス・ガーデンは、持続可能性に関する認識を向上させ、地元

にオーガニック・フードを提供し、キャンパスの生物多様性を豊かにし、持続可能な
コミュニティ形成に資する。

　大学のキャンパス・ガーデンはひとつの学びの実験室であり、環境研究プログラ
ムで実践的なコースを提供できる。私が学部時代に学んだカリフォルニア大学サン
タクルーズ校（UCSC）など数多くのアメリカの大学にはこうした環境研究の教育プロ
グラムを持っており、私自身そこで初めて「エコロジー」という概念に出会った[3]。カリ
フォルニア大学には地域の人々を対象としたコミュティが支持する農業（CSA）や
オーガニック・ガーデニングのサマーコースもあり、大人気の生涯学習プログラムと
なっている。大学の学修単位となる正規科目にも大学農場やキャンパス・ガーデン
が活用されている多くの優良事例が存在する。例えば、ペンシルベニア州にあるリ
ベラルアーツ・カレッジのスワースモア大学は、平和主義と生態系を重視する伝統
があり、環境研究と生物学のカリキュラムの一部として、キャンパス・ガーデンを活用
した科目がある[4]。

（3）スマートな教育棟で教えよう

　ICUと長崎大学のエネルギーや電気はどこから来て、どのくらい使用されている
のかを学ぼう。現在使っている建物はどれほど効率的なのか。新規に建設する建
物は環境に配慮した建物で、どの程度のエネルギー量をどの程度効率的に使っ
ているかを明確に表示する必要がある。なぜ電気を自給自足できないのか。太陽
光や風力発電などを活用し、無駄な使用削減をすればきっとできるに違いない。問
題解決のために学生と教職員とがともに研究し行動し、キャンパスを学びのツール
として使おう。ICUの那須キャンパスにはソーラー発電所があり、その売電の収益
を奨学金に当てていることは素晴らしいことだが、学生たちがそれを実際に見て、
そこから学ぶことができるカリキュラムに組み込む必要がある。那須キャンパスは三
鷹キャンパスから離れているが、学生たちが毎日学ぶ三鷹キャンパスで稼働する
ソーラーパネルはいくつあるのか。本館や他の建物も屋根もソーラーパネルで覆わ
れている必要がある。緑豊かなキャンパスの枯れ枝・落ち葉・雑草・刈草などを含む

有機性廃棄物は堆肥やメタンガス発電に活用できる。これらは非現実的な目標ではない。ミドルベリー大学を含む多くのICUの提携校で実施されていることであり、過去7年間に全米の600以上の大学がカーボン・ニュートラルなキャンパスを目指して行動している。

(4)持続可能性を真剣に考えよう

　持続可能性を真剣に考えるため、アメリカの多くの大学には環境やスチュワードシップに関するさまざま活動に学生参画を促すサステナビリティ・オフィスを持っている。ICUよりも小規模であるミドルベリー大学（学生数約2500名）は、アメリカで最も古い環境研究の学士課程を持つ。環境関係担当のDeanを置き、サステナビリティ活動を統合する部署に部長を置いて、教育・研究・行政・コミュニティ活動を展開している[5]。100以上のアメリカの大学がこうしたサステナビリティ活動を統合する部署を持っているのである。

(5)言葉を越えよう

　言葉だけではなく、行動するためのキャンパス環境行動計画（Environmental Action Plan）を持とう。アメリカではほとんどの大学がそうした計画を持っているが、日本の大学ではあまり広がっていないようである。例えば、ハーバード大学では2026年までに化石燃料ニュートラル（実質ゼロ）を達成し、2050年までに化石燃料使用を完全にゼロにする計画に取り組んでいる（Faust, 2018）。

　ICUにも環境宣言という政策文書があるが、この素晴らしい言葉を機能させるための行動が伴っているか。2006年にICU環境宣言を採択した際には、キャンパス環境委員会の創設やエネルギー効率性を高める認証基準目標設定など多くの推奨事項を策定した。これらの言葉を実際に行動として実践する必要がある。

(6)学生に力を与えよう

　トップダウン型の意思決定ではなく、キャンパス環境に関する決定には、学生を

含むすべての利害関係者を巻き込む必要がある。ミドルベリー大学のカーボン・ニュートラル決定の優良事例に見られるのは、一部の優秀な教員や職員が率先したのではなく、自分たちの大学を持続可能性におけるリーダー的地位に置きたいと考えた学生自身のイニシアチブと努力の結果である[6]。学生たちを励まし、能力構築をする方法は、環境研究や平和研究のカリキュラムを通じて、ポジティブな変化をもたらす戦略を教えることである。平和運動と環境問題を連携させる市民社会活動、例えばアムネスティ・インターナショナルやグリーンピース・インターナショナルなどの国際NGOのローカルな活動と大学が連携し、インターンシップやサービス・ラーニングなどを推進することが含まれる。学生たちが大きな夢を持ち、それを実現させるための知識や知恵を与える能力構築をするためのあらゆる方法をとることが重要である。

5.過去と未来の転換点としての現在

　現在という歴史のこの時点は、過去と未来の転換点である。冒頭に述べたように、環境危機が安全保障リスクを高めており、安全保障危機が環境リスクも高めている。大学として私たちに出来ることは沢山ある。例えば、長崎大学では長崎大学グローバル連携機構を拠点として国連持続可能な開発のための2030年アジェンダに含まれる持続可能な開発目標（SDGs）に関する数多くのプロジェクトに取り組んでいる（長崎大学, 2019）。ICUでも国連グローバル・コンパクトや国連アカデミック・インパクトの諸活動を通じてSDGs達成に向けたプロジェクトに取り組んでいる。

　社会・経済・環境・平和など世界を転換するためのSDGsの17目標を達成するために、世界中の大学が明日の意思決定者である今日の学生たちが能力構築を支援し、批判的かつ倫理的に考え、安全保障、社会文化、環境開発をめぐる複雑な配列のエシカル・ジレンマを克服する学びを提供するべきである。それは大学の平和研究プログラムの中核であるだけでなく、広く教育の使命の中核とすべきである。

　儒教の古典『大学』では「修身斉家治国平天下」と教えるように、自分から変わ

らなければならない。キリスト教の伝統においても、「わたしをあなたの平和の道具としてください」というアシジの聖フランシスコ（Francis of Assisi）の平和の祈りにあるように自分から変わることから始まる。まず、私たちの大学の足下から始めて、世界に広げよう。明日の意思決定者である学生たちが批判的かつ倫理的に考え、現在直面している複雑な問題群に対処する方法を学ぶことが今こそ必要である。SDGsを達成し、平和な世界を達成するためには、教育が必ず重要な役割を果たす。教育は人々の考え方を変えることができる。ただ単に平和研究プログラムや持続可能な開発目標に関するカリキュラムを持っているだけでは十分ではない。実例を挙げて教育に取り組む必要がある。すべての分野で、どのように何を教え、研究を促進し、組織文化を変え、学生の学修環境、建物や敷地、周辺コミュニティへのアウトリーチ、削減・再利用・リサイクルなどの循環社会のメッセージが学生に共有されるべきである。

　戦後すぐに「新しい平和日本と日本人の創造」を目指して献学されたICUでは、入学するすべての学生に世界人権宣言を支持する誓約を求めてきた。環境危機が人類の生存を脅かしている現在、世界人権宣言の原則とともに世界のより良い変革のために不可欠な持続可能な開発目標の達成にコミットすることを大学の使命に含める必要がある。

注

1 長崎大学核兵器廃絶研究センターでは、国内外に研究成果や政策提言を発信している。https://www.recna.nagasaki-u.ac.jp/recna/en-top, 2020年1月22日最終アクセス.
2 ICUの創立に関わった米国長老派教会のマクリーン（MacLean, John A.）牧師が多くの支援者に呼びかけて植樹されたため、この桜並木をマクリーン通りと呼称している。
3 カリフォルニア大学サンタクルーズ校アグロエコロジー・持続可能な食料システム・センターが持続可能な農業や地域開発についての新しい学際的な教育研究実践を展開している。https://casfs.ucsc.edu/education/undergraduate.html, 2020年1月22日最終アクセス.
4 19世紀半ばにクエーカー教徒によって設立されたスワースモア大学には、自然環境行動の伝統が息づいている。https://www.swarthmore.edu/sustainability, 2020年1月22日最終アクセス.
5 2016年にカーボン・ニュートラルを達成したミドルベリー大学では、フランクリン環境センターやサステナビリティ統合オフィスが積極的な活動を展開している。http://www.middlebury.edu/

sustainability, 2020年1月22日最終アクセス.
6 ミドルベリー大学の学生たちは、同大学のスカラー・イン・レジデンスであったマッキベン（McKibben, Bill）氏とともに、化石燃料から脱出し、コミュニティに根ざした再生可能エネルギーの世界への転換を目指す350.org運動を開始し、世界的な広がりを見せている。

参考文献

碇義朗(1979)「さらば空中戦艦・富嶽〜幻のアメリカ本土空襲」日本テレビ「土曜スペシャル」1979年12月8日放映.

高柳昌久(2012)「大学本館以前:中島飛行機三鷹研究所の小史」M.W.スティール編『12月8日をわすれないで』国際基督教大学アジア文化研究所, pp.1-15.

長崎新聞(2019)「原爆 日本のこととして 核抑止力の考え方学ぶ」2019年7月18日.

長崎大学(2019)「長崎大学のSustainable Development Goals」http://global.nagasaki-u.ac.jp/wp-content/uploads/2019/11/print_sdgs_JPN.pdf, 2020年1月22日最終アクセス.

長島宏行(2017)「国際基督教大学所蔵ジェットエンジン部品の調査」2017年11月. 東京文化財研究所https://www.tobunken.go.jp/materials/katudo/248667.html, 2020年1月22日最終アクセス.

レオポルド,アルド(1997)『野生のうたが聞こえる』講談社学術文庫.

湯浅八郎(1951)「ICUの理念」『国際基督教大学通信』第17号, p.1.

Association of American Colleges and Universities(1998)"Statement on Liberal Education," https://www.aacu.org/about/statements/liberal-education, 2020年1月22日最終アクセス.

Faust, Drew Gilpin(2018)"Harvard's Climate Change Efforts," https://www.harvard.edu/president/news/2018/harvards-climate-change-efforts, 2020年1月22日最終アクセス.

International Christian University(2019)"E-Week Held," https://www.icu.ac.jp/en/news/201906051049.html, 2020年1月22日最終アクセス.

Takenaka, K.(n.d.)"The History of Nakajima Aircraft Company," https://www.ne.jp/asahi/airplane/museum/nakajima/naka-cont-e.html, 2020年1月22日最終アクセス.

World Commission on Environment and Development(1987)*Our Common Future*, Oxford: Oxford University Press.

World Economic Forum(2019)*The Global Risks Report 2019*, Geneva: World Economic Forum.

第Ⅰ部
＜現在の課題＞
グローカリゼーション研究と持続可能な開発

軍艦島のグローカリティ
—意味づけの政治を軸に—

葉柳 和則

　本章は、「軍艦島」をめぐるメディア表象が作り出す意味づけの政治を軸にして、日本の西端に位置する孤島というローカルな場所がグローバルな言説空間の中に場所を与えられていく過程に光を当てる。その際、ローカルとグローバルの間に、文化遺産に関するナショナルおよびリージョナルな意味づけの位相があることに力点を置く。

1.端島／軍艦島小史

　長崎半島の沖合に「端島」という小さな無人島がある。一般には「軍艦島」の名で知られており、世界文化遺産、「明治日本の産業革命遺産—製鉄・鉄鋼、造船、石炭産業」の構成資産として、長崎[1]の主要観光スポットのひとつになっている。しかし、「産業革命」をキーワードにして、この無人島にグローバルな価値を見出そうとする動きは、韓国をはじめとする北東アジア諸国から厳しい批判を受けている。

　この島の価値ないし意味づけの政治について考える前提として、簡単に島の歴史を確認する。長崎港の最奥から見て南西約17.5kmの沖合にこの島は位置している。江戸時代の後半、1810年に島の岸辺で燃える石が発見された。当初は漁師が副業として、「磯堀り」と呼ばれる小規模な露天掘りを行っていたにすぎなかった。明治時代に入って、この燃える石が石炭と呼ばれる資源であり、これなし

には近代化はありえないことが認識されたことで、何度か採掘の試みがなされたが、商業的に成り立つレベルには至らなかった。しかし、1890年に島を所有していた鍋島家から岩崎弥太郎率いる三菱[2]に譲渡され、本格的な採炭が始まった。もともとは岩礁に近い島であったが、採炭設備と従業員の居住場所を確保するために埋め立てられ、次第に島域が拡大していく。端島や近隣の高島の地下から採掘された石炭は高品質であり、1960年代まで日本の鉄鋼産業や海運業の需要を支えていった。

　島の狭隘さゆえに、1916年に日本で最初のコンクリート製の集合住宅が建築された。その後次々と増築されていった高層ビル群によって、この島の独特のフォルムが形成されていく。これが日本海軍の戦艦「土佐」の船影に似ているところから、端島は「軍艦島」と呼ばれるようになった（後藤・坂本, 2005）。

　1939年から1945年までの期間、戦争遂行のために石炭の増産が喫緊の課題となった。しかし同時に、青壮年が徴兵されたため労働者不足が生じた。この問題を解消するため、500人以上の朝鮮系労働者と200人以上の中国系労働者がこの島で過酷な労働に従事させられた[3]。

　島の人口は戦後の増産に伴って増大していく。1960年に人口のピークを迎え、5,259人となった。人口密度は約8万3,600人/k㎡である[4]。この人口密度の高さとそれを反映した居住形態は、閉山前から建築学者の関心を集めた（後述）。

　しかし1960年代に入ると、エネルギー革命によって、海底炭鉱である端島の採炭コストが重荷になってくる。三菱は、1970年に端島沖の開発を中止し、1974年1月15日に端島炭鉱は閉山した。半年も経たないうちに住民の退去が完了し、建築物だけが残された。

　近代日本におけるこの島の価値は、良質の燃料炭の使用価値と交換価値にあった。それが閉山によって失われたことで、この島の存在は次第に忘却されていく。放置された建築物も、東シナ海の潮風が直接吹きつける場所にあるため、風化が急速に進んでいった。

2. 端島／軍艦島の「再発見」

　ところが1980年代に入ると、端島／軍艦島の持つ意味が「再発見」されていく。この時期、「脱工業化社会」、「ポスト近代」等の鍵語とともに、近代という時代に対する反省的問いが、さまざまな学問領域で立てられるようになった。これは、保守的な立場からも、革新的な立場からも、近代史を書き換える動きにつながった[5]。この動きの中で、上述した石炭の使用価値や交換価値とは異なった視点から、この島の持つ別様の意味や価値が見いだされるようになる。例えば、非常に狭い島に、高層アパートが林立し、多くの人が密集して生活している点に着目して、建築学者は高密度居住空間の事例としてこの島を研究した(阿久井・滋賀, [1984] 2005)。この研究動向は、1950年代の終わりには始まっている。

　人文社会系の研究者の中で端島／軍艦島に関して最もまとまった成果を発表している木村至聖は、フーコー(Foucault, M.)やアーリ(Urry, J.)の「まなざしの政治性」をめぐる議論を踏まえて、80年代以降この島に向けられてきた「まなざし」を6つのタイプに分類している。すなわち、①学術対象、②産業遺産、③観光資源、④故郷、⑤「負の遺産」、⑥審美対象である(木村, 2017: 48)。

　脱工業化時代は、産業遺産が観光資源として、ないしは過去を想起するための手がかりとして再評価されていく時代でもある。産業遺産と観光資源とは、概念的には位相を異にしているが、現実には強く結びついている。端島／軍艦島に向けられるまなざしにおいても、両者を分離することは困難である。

　「故郷」とは端島の元住民にとっての故郷という意味である。次節で触れる端島／軍艦島の世界遺産化の動きは、元住民が中心となって立ち上げたNPO法人に端を発している(坂本, 2008)。

　木村は「負の遺産」という言葉にカギ括弧を付している。本来、正と負の価値の関係は相対的であり、この言葉は学術用語としては未熟なのである。ユネスコの世界遺産の分類枠組みにおいても「負の遺産」という言葉は使用されていない。しかし、リコ(Rico, T.)の論文「負の遺産―世界遺産におけるコンフリクトの場所」(Rico, 2008: 344)を踏襲して、「紛争、トラウマ、及び災害を集合的に記憶していると、

ある集団が解釈している場所」を暫定的定義としたい。端島／軍艦島は、朝鮮系や中国系の労働者に過酷な労働を強いた場所という意味で、「負の遺産」ないし「負の記憶の場」であるといえる。

　「審美的対象」は、廃墟としての端島／軍艦島に「言い知れぬ魅力を感じとる人びと」(木村, 2017: 49)のまなざしが捉えたものである。1990年代以降、廃墟となった工場、学校、ホテルなどを訪ねる廃墟マニアが増加したが、端島／軍艦島は彼らにとっての「聖地」となった[6]。

3.端島／軍艦島の世界遺産化

　次に端島／軍艦島が世界遺産の構成資産となるプロセスを確認する。今日では長崎の主要観光資源のひとつとして位置づけられている端島／軍艦島であるが、もともとは三菱が所有しており、行政レベルでは高島炭鉱を中心に発展した高島町の管轄であった。2001年に三菱が高島町に端島／軍艦島を譲渡し、2005年の平成の町村合併で高島町が長崎市に編入されたことで、この島は長崎市の島となった。

　高島町時代から島の観光資源化は試みられていた(木村, 2014)。これと同時に、軍艦島の元住民による世界遺産化の動きがあり、NPO法人「軍艦島を世界遺産にする会」が活動を開始していた(坂本, 2008)。しかし、観光行政にたけた長崎市が、この島の観光地化に向けて動き出したことで初めて、上陸解禁に向けた条例の制定、観光客が上陸可能な施設の整備などが推進された。

　2006年に経済産業省が、明治期の産業施設の世界遺産登録を支援することを決定する。2008年に端島／軍艦島を構成資産として含む、「九州・山口の近代化産業遺産群——非西洋世界における近代化の先駆け」が、世界遺産暫定リストに追加登録されることになった。世界遺産に登録されるには、「顕著で普遍的な価値(outstanding universal value)」が存するとUNESCOが認定する必要がある(UNESCO, 2005)。つまり、「九州・山口の近代化産業遺産群」に関していえば、近代化というグローバルな物語が普遍的なものとしてあり、それを非西洋諸国の中で最

初に成し遂げたというナショナルな物語がそこに組み入れられ、さらに複数のローカルな物語がそれを「構成」するという図式が前提とされているのである。

2009年4月22日に、端島／軍艦島への上陸が30年ぶりに解禁される。上陸者は島が風化していくさまを目の当たりにすることできるようになった。ただし、安全性の問題から、見学可能な場所は島の南西部に限定されており、住民の生活の痕跡が残っている場所に足を踏み入れることはできない。

2013年に日本政府は、「明治日本の産業遺産―九州・山口と関連地域」という名称で正式の推薦書を世界遺産センターに提出する。その後、2015年5月4日にUNESCOの諮問機関である国際記念物遺跡会議（ICOMOS）が予備調査を踏まえて登録を勧告する。その際に、「明治日本の産業革命遺産―製鉄・鉄鋼、造船、石炭産業」に名称が変更された。ここで「産業革命」という言葉が採用されたことで、物語の輪郭が明確になった。しかし他方で、日本の近代に対する反省的なまなざしは希薄になり、近代化の輝かしい側面のみが前景化していく。

構成資産の中に端島／軍艦島をはじめとする、強制的労働の場となった施設が含まれていたことから、既に同年3月末からこの島の世界遺産登録に反対を表明していた韓国を中心にして、北朝鮮や中国も登録に反対する意見を表明した。ここでのポイントは、産業革命期（1850年〜1910年）に期間を限定して世界遺産に登録するという日本側の枠組にある[7]。1990年代以降の世界遺産登録においては、複数の遺産をセットにし、ひとつの明確なテーマを有する物語を構築するという手法、いわゆるシリアル・ノミネーションが主流となっている。したがって、産業革命というテーマを設定すること自体は特異な手法ではなく、朝鮮半島から労働者が徴用された1939年から1945年は対象外であるという説明は成り立つことになる。しかしこれによって、強制的な労働の問題は今回の世界遺産には関係ないというメタメッセージが、登録の枠組みに書き込まれることにもなった。

このような登録の進め方は韓国側の姿勢をいっそう強硬にした。木村は、「平和のための相互理解・尊重」というユネスコの基本理念に基づく韓国側の批判と、「世界遺産というゲームのルール」の枠内での正当性という日本側の主張とのあい

だのすれ違いを指摘している（木村, 2017: 59）。しかし、日本側が徴用の事実を含む情報センターの設置方針を示す等の譲歩を行った結果、2015年7月5日に、「明治日本の産業革命遺産」の登録が決定した。

　端島／軍艦島は世界遺産の一部を構成しているに過ぎず、徴用工の歴史は他の炭鉱にも関わるものであるが、その視覚的なイメージゆえに、この島は登録をめぐる論争とメディア報道の中で、「明治日本の産業革命遺産」の象徴として扱われた。

4.メディア表象と本章の研究史的位置

　端島／軍艦島の「再発見」のプロセスは、島のイメージがメディア空間で流通していくプロセスでもあった。80年代の後半以降、島の写真集がいくつか出版され、90年代に入ると、テレビ、新聞、雑誌、映画等のメディアがこの島を取り上げるようになった。90年代末から上陸が解禁された2009年までの期間には、（多くの場合、不法に）島に上陸した廃墟マニアが作成したウエブサイトが、端島／軍艦島のイメージを複製していった。つまり、メディアによる議題設定効果が作用することで、日本の西端に位置する、地元の人にさえ忘却されていた島を、日本中の、そして世界中の人々が、注目に値する存在として認識するようになったのである。メディア表象が、一度はこの島を訪れてみたいという欲望を創りだし、長崎に足を運び、島への上陸ツアーに参加するという現実の行動につながった。

　上述したように、端島／軍艦島に関する人文社会系の研究の中では、木村が最も多くの成果を残している。木村は、著書『産業遺産の記憶と表象―「軍艦島」をめぐるポリティクス』(2014)にまとめられた論文、およびそれに続く論文の中で、旧産炭地の文化遺産、産業遺産化という観点から、この島に向けられる種々のまなざしの生成とそれらの関係性を解明している。

　木村の研究の土台にあるのは、端島／軍艦島の観光資源化や文化遺産化に関与しているステークホルダーに対する丹念な聞き取り調査である。本章の議論も木村の研究があって初めて成立する。ただし、木村は、「表象」という概念を著書

のタイトルに掲げ、産炭地の資料館における展示やステークホルダーの語りを「表象」として分析しているものの、メディア表象についてはほとんど言及していない。

　しかし、この島に向けられるまなざしの形成は、メディアの議題設定効果を抜きにして考えることができない。本章はこの観点から、木村らの先行研究を補完することを試みる。これは同時に、日本の西端というローカルな場所がグローバルな文化的枠組みの中でどのような意味変容を遂げるのかを、表象のポリティクスという視点から解明することでもある。その際に注目するのが、ローカルなものとグローバルなものの間にある、ナショナルなものとリージョナルなものの位相なのである。

5.2011年までの新聞記事の概要

　筆者は2013年に、端島／軍艦島のメディア表象に関する論文を発表している。2011年までの新聞記事から、「端島」または「軍艦島」という言葉が含まれるものをすべて抽出し[8]、記事の全体的傾向の変化と言及される側面の変化を分析した（第1次軍艦島記事調査）。本節では、この結果を要約する。

図表1　端島／軍艦島関連記事件数の時系列変化

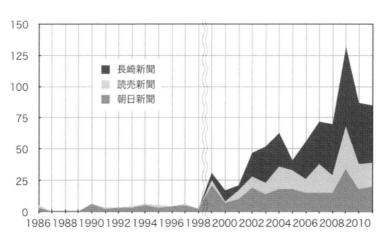

（出所）葉柳（2013: 85）

図表1からわかるように、この島に関する新聞記事が急増していくのは、今世紀に入ってからのことであり、2009年に記事数のピークを迎えている[9]。1999年以降の記事数の増加は、軍艦島に関心を向けることは社会的に重要であり、意味のあることだという集合的意識を作り出す方向で読者に働きかけている。

　図表2は、新聞記事が島のどの側面に言及してきたかを示している。ただし、記事の分類作業を通して、木村の挙げた「まなざし」の区分を若干変更する必要が認められたため、①世界遺産、②観光地、③負の記憶、④炭鉱産業、⑤生活世界、⑥建築、⑦廃墟、⑧その他に分類した。

図表2　記事が言及する端島／軍艦島の側面の時系列変化

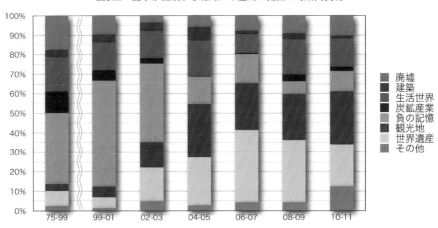

（出所）葉柳（2013: 86）

　2001年頃までは、負の記憶関連の記事が圧倒的に多く、それに次ぐのが、日本の炭鉱産業の衰退や閉山に関する記事であった。2002年を境に、記事が焦点化する側面は大きく変化する。これ以降、新聞メディアによる端島／軍艦島表象は、「世界遺産」と「観光地」という、2つのキーワードを前景化させ、その裏面で「負の記憶」を周縁化した言説空間を作り出し、読者をそこへといざなっていった。

　とはいえ、「負の記憶」に関する記事は周縁化されるものの、一定の割合を保っている。特徴的なことは、「世界遺産」と「観光地」をキーワードとして含む記事には

「負の記憶」についての言及がほとんど見られないことである（葉柳, 2003: 87-91）。近代化にはもちろん、光の側面と影の側面がある。しかし、2つが因果として結びついていることを示す記事はわずかなのである。特に今世紀に入ってからは、この傾向が強い。その結果、あたかも同名の別の島が存在しているかのように、テーマの取り上げ方の点で相互排他的な表象の系列が生み出されている。

6. 映画『軍艦島』と第2次新聞記事調査

　筆者は、端島／軍艦島のメディア表象に関する研究を2013年でいったん終了した。しかし、2017年の7月26日に韓国で封切られた映画『軍艦島』をめぐる論争とメディア報道をきっかけに、再びこの島に関する新聞記事の分析に着手した。

　この映画には、2015年7月の端島／軍艦島の世界遺産登録に対する批判という性格が強い。ところが韓国の映画評論家だけではなく、一般の観客からも、端島／軍艦島の現実との乖離を批判された。例えば、映画には島が空襲される場面がある。しかし、実際には島が軍艦と誤認されて魚雷攻撃を受けたことはあるが、空襲されたことはない。映画の終盤に労働者の暴動が起きるが、これも事実に即していない。このような現実からのズレが韓国内部においても否定的に評価されたのである（杉本, 2017）[10]。その結果、この映画は、封切り直後こそ大きな観客動員を達成したが、勢いは持続せず、光州事件をテーマにした映画『タクシー運転手—約束は海を越えて』（8月2日封切り）に観客動員の点でも、評価の点でも後塵を拝することになった。

　他方で日本のマスメディアは、この映画について頻繁に報道した。そこでは軍艦島の「負の記憶の場」としての側面のみを、事実に反する表象を用いて誇張して描いていることに対する批判的姿勢が顕著である。日本ではこの映画は、今日まで上映されておらず、DVDも未発売であるにも関わらず、メディア報道を通して広く知られるようになった。マスメディアの中の映画メディアという二重化された表象が、端島／軍艦島をめぐる歴史認識の分断を際立たせていることに注目し、筆者は第2次軍艦島記事調査に着手した。

映画『軍艦島』は、「明治日本の産業革命遺産」を象徴する端島／軍艦島の「負の記憶」を前景化させている。したがって、世界遺産というグローバルな枠組みが、東アジアのリージョンにおいて持つ意味を、メディア表象を手がかりとして検討することがこの調査の主眼である。

　データとして、第1次調査で対象とした朝日新聞、読売新聞、長崎新聞に、毎日新聞、西日本新聞を加え[11]、2016年1月から2018年12月までの期間の「端島」あるいは「軍艦島」をキーワードとして含む記事を抽出した(825件)。テキストマイニングソフトMTmineR(開発者:金明哲)を用いて集計し、ワードクラウド法により記事内の頻出語を可視化した。テキストマイニングの手法を用いたのは、第1次調査の記事分類作業において問題となった分類者の主観を排除するためである。第1次調査では、一つひとつの記事に関して、「言及している側面」を3人から成る作業チームが確認し、2人以上が一致した側面をカウントするという作業を行った。この過程で個々のメンバーによる解釈が介在せざるをえないのである。

図表3　2016年〜2018年の特徴語

品詞形態素(名詞)、Cutoff値10、変数1445(othersを除く)、ワードクラウド:頻度データ、右上が2016年、左が2017年、右下が2018年

　図表3は2016年、2017年、2018年それぞれの記事の主題を明示するために、

名詞（一般名詞と固有名詞）に限定して頻出語を比較したものである。ワードクラウド図では、文字の大きさが頻度の高さを示している。他方、語と語の位置関係はランダムである[12]。それぞれの年の頻出語は他の年との相対的比較において特徴的な語であることに注意する必要がある。

2016年においては、「明治日本の産業革命遺産―製鉄・鉄鋼、造船、石炭産業」という世界遺産登録のオフィシャルな意味づけが新聞記事でも前景化しており、そこに「クルーズ」、「客」といった語彙によって形成される「観光」の文脈が付け加わっている。

2017年になると、記事のテーマが大きく変化し、特徴語は、映画『軍艦島』や、その背景にある韓国による端島／軍艦島の世界遺産登録に対する批判と結びついている。そこでは、歴史認識問題という枠組みの中で、慰安婦問題を象徴する「少女像」などが同時に言及されている。

しかし、2018年には、記事のテーマが再び変化し、2018年6月に世界遺産登録された「長崎と天草地方の潜伏キリシタン関連遺産」と「明治日本の産業革命遺産」を結びつける枠組み、すなわちグローバルな意味づけが前景化する。その裏面で韓国からの批判の声は報じられなくなる[13]。

3年間の端島／軍艦島関連の記事の主題を相対比較すると上のような変化を見いだすことができる。しかし、年ごとのワードクラウド図を作成すると、この島に関するメディア表象におけるもうひとつのポリティクスが見えてくる。

図表4　2017年の新聞記事における特徴語

品詞形態素（名詞）、Cutoff値10、変数1445（othersを除く）、ワードクラウド:頻度データ

　図表4は2017年データの単独ワードクラウドである。固有名詞を除くと「遺産」の頻度が最も高く、その関連語も頻出していることから、2017年においても、「明治日本の産業革命遺産」の構成資産としての端島／軍艦島という文脈が記事の主流を成しており、そこに映画『軍艦島』に代表される韓国からの批判という「負の記憶」の文脈が傍流として出現していることが見て取れる。

図表5　2018年の記事における特徴語

品詞形態素（名詞）、Cutoff値10、変数1445（othersを除く）、ワードクラウド:頻度データ

この2つの文脈を形成するキーワードがその後どのような出現頻度を示すのかを確認するために、翌2018年データの単独ワードクラウドを作成した。図表5では、徴用工問題に関連する語はもはや頻出語として登場しない。つまり、「負の記憶の場」としての端島／軍艦島という側面がほとんど言及されなくなっているのである。他方、「潜伏キリシタン関連遺産」という文脈が、端島／軍艦島関連の記事の中にも合流していることも改めて確認できる。

　このように、2016年から2018年の新聞記事には、①端島／軍艦島、そして潜伏キリシタン関連遺産という長崎の文化遺産を、世界遺産というグローバルな価値のシステムの中に位置づける文脈と、②徴用工問題に代表される近代日本の植民地主義と結びついた「負の記憶の場」というリージョナルな意味づけの文脈が見出される。しかし、後者が前景化するのは、映画『軍艦島』が封切りされた2017年のみであり、しかも記事の絶対量としては少数にとどまる。そして2018年になると、「産業革命遺産」関連の記事と「潜伏キリシタン関連遺産」関連の記事が、「世界遺産」をキーワードとして形成される文脈の中で結びつき、「負の記憶の場」に関する記事をいっそう周縁化していくのである。

7. 端島／軍艦島のリージョナリティ

　才津祐美子は、文化遺産という枠組みにおいては、ローカルなものがナショナルなものに編入され、再文脈化されると指摘する（才津, 1996:58-60）。このような編入や再文脈化は価値中立的な過程ではなく、文化をめぐる政治としての性格を持つ。

　文化財保護法の第1条には、「この法律は、文化財を保存し、且つ、その活用を図り、もつて国民の文化的向上に資するとともに、世界文化の進歩に貢献することを目的とする」（強調は引用者による。以下同様）と記されており、ナショナルな文脈をグローバルな文脈に接続させる枠組みが冒頭で提示されている。しかし、続く第2条では力点の置き方が異なっている。第2条は6つの項によって「文化財」を定義している。そこでは「我が国にとって」という言葉が5回、「我が国民」という言葉が2回使用されている[14]。つまり、文化財とはまずもってナショナルなレベルで価値づけら

れるものであり、「世界」という文脈は二次的なものに過ぎない。

　これに関して木村は、社会学的な視点から、文化財ないし文化遺産を「モノを媒介として文化的伝統や歴史を共有、継承させることで、当該社会の凝集性を高めるもの」と定義する。その上で世界遺産というグローバルな価値づけの枠組みの中で、文化遺産がローカルな文脈やナショナルな文脈を超えて再文脈化され、権威付けされると論じている（木村, 2014: 18, 24-30）。ただし、これら3つの文脈は階層化された審級を成しているわけではない。とりわけローカルな文脈は、単にユネスコの権威に従属しているのではなく、それを梃子にしつつも、時にその文脈をずらし、時にそれに対抗する動きを見せる（木村, 2014: 48-63）。

　しかし、本章の議論から見えてくるのはリージョナルな文脈に焦点を当てることの重要性である。韓国をはじめとする北東アジアの諸国から、端島／軍艦島の世界遺産登録に対する批判の声が上がったという事実は、グローバルなスケールとローカルなスケールを直結させるのではなく、あるいは両者の間にナショナルなスケールを挿入するにとどまるのでもなく、ナショナルとグローバルの間にあるリージョナルなスケールで、世界遺産について考えることの必要性を示唆している。

8.「負の記憶の場」のトポロジー

　上述したように、端島／軍艦島をめぐるメディア表象においては、観光や世界遺産という側面と「負の記憶の場」という側面は別の文脈に置かれる傾向が強い。しかし、そもそも世界遺産は「負の記憶」と相容れないものではない。例えば、広島の原爆ドームやアウシュヴィッツ強制収容所跡、そして奴隷貿易の場であったゴレ島などは典型的な「負の記憶の場」であるが、世界遺産に指定されている。2004年登録の「海商都市リヴァプール」は、大英帝国の繁栄を支えたと同時にヨーロッパの奴隷貿易の中心でもあった。

　旧産炭地が近代日本のインフラを支えたという事実は、そのまま労働条件や生活環境の過酷さにつながっていた。したがって、端島／軍艦島を日本の近代化における輝かしい側面にのみ特化して価値づけるのではなく、近代化の持つ「負」な

いし影の側面に光を当てる枠組みも可能なはずである。

　端島／軍艦島の「再発見」以降に見出された、島のさまざまな価値ないし側面もまた、決して独立しているのではなく、ましてや相互に排除し合っているのではない。それらは因果の糸で結ばれている。この因果を表象しうる枠組みが生まれたとき、ナショナルなまなざしとリージョナルなまなざしが交差する。つまり世界遺産というグローバルな意味づけが、「我が国にとっての価値」というナショナルな枠組みを超えて、北東アジアの歴史の中で捉え直されていくことになる。

　このとき、あたかも同じ名前の別の島があるかのような、メディア報道のあり方も変化し、少なくともその問題性が強く意識されるようになるだろう。映画『軍艦島』に関しても、単に表象と現実との間のズレを批判するのではなく、そもそもなぜこのような扇情的な軍艦島表象が生み出されてしまうのかという問いを立て、冷静に議論する言説空間が形成されるはずである。

　島に向けられるまなざしの枠組みが変化すれば、日本の近代化の光を観ようとしてこの島に訪れた者も、その光が東アジアの人々に投げかけた影に気づくだろう。逆に、日本の植民地支配の痕跡を訪ねてこの島に上陸した者も、ここには作業員とその家族の日常があったことを知るだろう。

　このようにして、端島／軍艦島に見出された多様な側面を結びつけるメタレベルの文脈が、他者のまなざしとの出会いの空間を生み出したとき、この島は、東アジアの記憶の場となるはずである。単に東アジアに位置する記憶の場ではなく、東アジアにとっての記憶の場として。

注

1　本章では、「長崎」と表記した場合は現在の「長崎市」を指す。ただし文脈上、「市」を明示する必要があれば「長崎市」と表記する。

2　三菱グループの名称は時期によって変化する、また子会社も多様な名称を有する。たとえば1980年の時点では「三菱社」である。しかし、今回の報告では煩を避けるために、とくに限定する必要のない限り「三菱」と呼称する。

3　1944年の推計値。この年の日本人労働者の数は約1600人。朝鮮系・中国系労働者は終戦直後に帰国した（長崎在日朝鮮人の人権を守る会, 2011:121）。

4 現在の東京23区の人口密度は約1万5,000人/㎢である。

5 歴史修正主義の登場、従軍慰安婦問題の顕在化、被爆体験の継承への社会的取り組み等はこの動きと結びついている。

6 軍艦島イメージの形成に関するメディアの影響については後述。

7 なぜ朝鮮併合の年、1910年までなのかは十分に説明されてはいない。

8 朝日新聞(1945年〜2011年、「聞蔵Ⅱ ビジュアル for Library」)、読売新聞(1986年〜2011年、「ヨミダス文書館」)、長崎新聞(1999年〜2011年、「G-search データベースサービス」)。総計855件。

9 1986年以前は記事が11件にとどまるため、図1では除外している。縦の波線は『長崎新聞』の記事は1999 年以降に限定されることを示している。

10 加えて、日本人ではなく、親日派の朝鮮人が「悪」として表象されるという設定も韓国における不評の原因となった(杉本, 2017)。

11 毎日新聞は「毎日新聞記事データベース」、「西日本データベース」を利用。他の三紙は第1次軍艦島記事調査と同様である。

12 語と語の関係の強度と方向性を確認するには共起ネットワークを調べる必要があるが、紙幅の関係で、本章では語の頻度の分析にとどめる。

13 「柵」、「手すり」、「台風」といった語は、この年の7月の台風7号、および10月6日の台風25号による高波の影響で、端島／軍艦島の見学施設が大きな被害を被り、復旧まで観光客の上陸が禁止されたことと関係している。

14 他方「世界」やそれに類する言葉は第2条には出現しない。第3条以降では、「我が国」は1回(第144条)、「国民」は3回(第3条、第4条、第27条)、「世界」は1回の頻度にとどまる。

参考文献

Rico, T.(2008)"Negative Heritage: The Place of Conflict in World Heritage,"*Conservation and Management of Archaeological Sites,* Vol.10, No.4: 344–52.

UNESCO World Heritage Center(2005)"The Criteria for Selection"http://whc.unesco.org/en/criteria/, 2020年3月30日最終アクセス.

阿久井喜孝・滋賀秀實([1984] 2005)『追補版 軍艦島実測調査資料集—大正・昭和初期の近代建築群の実証的研究』東京電機大学.

後藤惠之助・坂本道徳(2005)『軍艦島の遺産—風化する近代日本の象徴』長崎新聞社.

軍艦島を世界遺産にする会(2008)『軍艦島—住み方の記憶』NPO軍艦島を世界遺産にする会.

葉柳和則(2013)「ヘテロトピアとしての端島/軍艦島—〈負の記憶〉をめぐる言説の配置をてがかりに」『21世紀東アジア社会学』Vol.5, pp. 80-94.

木村至聖(2014)『産業遺産の記憶と表象—「軍艦島」をめぐるポリティクス』京都大学学術出版会.

木村至聖(2017a)「地域の歴史の"闇"をまなざすのは誰か」『立命館大学人文科学研究所紀要』Vol.111, pp. 37-59.

木村至聖(2017b)「〈長崎〉の記憶として軍艦島を語ることは可能か」葉柳和則(編)『長崎—記憶の

　風景とその表象』晃洋書房, pp. 45-67.

木村至聖(2019)「遺稿を通して考える〈炭鉱〉と〈原爆〉」『原爆文学研究』vol.17, pp. 67-75.

長崎在日朝鮮人の人権を守る会(2011)『軍艦島に耳を澄ませば―端島に強制連行された朝鮮人・
　中国人の記録』社会評論社.

才津祐美子(1996)「〈民俗文化財〉創出のディスクール」『待兼山論叢』vol.30 日本学編, pp. 47-62.

杉本あずみ(2017)「あの〈抗日〉映画「軍艦島」が思わぬ失速―韓国で非難された3つの理由」
　『ニューズウィーク日本版』8月12日.

https://www.newsweekjapan.jp/stories/world/2017/08/post-8242_3.php, 2020年3月30日最終
　アクセス.

グローカリゼーションと持続可能な開発目標
—壱岐市SDGs未来都市計画の事例研究—

毛利 勝彦

1. 壱岐におけるグローカリゼーションの現在

　グローバル化とローカル化は双方向のダイナミズムである。ローカルからグローバル社会に発信するインサイド・アウトの動きと、グローバルな潮流をローカルに取り込むアウトサイド・インの動きとがある。壱岐が「国境の島」のひとつとして、2015年に文化庁による日本遺産第1号に認定されたのは、前者に位置づけられるだろう。壱岐・対馬・五島は古代より大陸と日本列島とを結ぶ交流の中心拠点だったため、「古代からの架け橋」として地域に点在する遺産のストーリーをパッケージ化し、文化財群を活用・発信することによって地域活性化を図ろうとしている。中世には元寇の侵攻を受け、近世には秀吉による朝鮮出兵の要塞となり、現代では国境離島地域として認識されている。壱岐は国や県・市による指定文化財や登録文化財を数多く持つが、ローカルな個々の遺産を「点」として保存する従来の文化財行政から「面」として活用する新たな文化財行政に組み込まれた。ナショナルな文脈では、「攻め」のインバウンド観光客受入環境整備の一環として2020年までに100件程度の日本遺産を認定することが言及されている（日本経済再生本部, 2015: 177）。

　グローバルな文脈においても、2015年は重要な転換年だった。9月に開催された国連持続可能な開発サミットでは、2030年を目標達成年と設定した「持続可能な開発目標（SDGs）」を含む成果文書「私たちの世界を転換する—持続可能な開発のための2030年アジェンダ」が採択された。12月には国連気候変動枠組条約締

約国会議で、パリ協定が採択されて翌年発効した。こうしたグローバルなダイナミズムを取り込み、産業構造のバランスある発展とIoTや対話による交流起点のまちづくりをすべく2030年からバックキャスティングした「長崎県壱岐市SDGs未来都市計画」(壱岐市, 2018)を実施している。「SDGs未来都市」は、先行した「環境モデル都市」や「環境未来都市」の延長として、地方創生促進とSDGs達成に向けた内閣府の取り組み事業である。2018年6月に初年度事業として壱岐市を含む29の「SDGs未来都市」と10の「自治体SDGsモデル事業」が選定されており、壱岐市では双方の取り組みが選定された。壱岐には「マリア観音」などかくれキリシタン遺産や「神道発祥の地」の言説もあるが、世界遺産認定された「長崎と天草地方の潜伏キリシタン関連遺産」からも「『神宿る島』宗像・沖ノ島関連遺産群」からも取り残された感がある。そうした中で「誰一人取り残さない」をスローガンとするSDGs未来都市事業が離島過疎地で採択されたのは、政治的象徴の意味もあったかもしれない。

　さらに、2019年9月に壱岐市議会は、壱岐市長・白川博一が上程した日本初の「気候非常事態宣言」(壱岐市, 2019)を可決承認した。同年7月にSDGs未来都市事業を視察した関係者から同宣言についてのアドヴァイスを受けてから迅速な対応だった。近年の壱岐では「50年に一度」と言われる集中豪雨や水不足などの異常事態が発生しており、藻場の減少によって基幹産業である漁業も深刻な影響が出ているという。壱岐市の宣言可決直前に開催された国連気候変動行動サミットでは、2050年までに温室効果ガス排出量を実質ゼロにするというグテーレス(Guterres, António)国連事務総長の呼びかけに77ヵ国が誓約した。トゥンベリ(Thunberg, Greta)をはじめとする若い世代からの強い対策要請にもかかわらず日本政府の対応は鈍かったが、壱岐市の宣言では2050年までに「地域資源に由来する再生可能エネルギーに完全移行できるよう民間企業などとの連携した取組をさらに加速させ」るとした。脱炭素化に向けた経済・社会・環境の統合的な持続可能な開発目標への取り組みの可能性と課題をグローカリゼーションの視点から検証する。

2.過去からの探査

インサイド・アウトの試みは、過去の経験から現在の可能性を探る惑星探査型フォアキャスティングでもある。歴史的遺産のいくつかを手掛かりに、壱岐のグローカリゼーションの現在を探査したい。まず、『魏志倭人伝』に登場する一支国の王都だった原の辻遺跡(国指定特別史跡)脇には、過去から未来へ繋がる拠点となる壱岐市テレワーク施設が設置された。ここから環濠を眺めると、大地を土台として弥生時代の人々の生活の想像が膨らむ。ここでは壱岐牛につながる家畜牛の骨も出土している。交易の倉や使節団や通訳の宿舎も再現され、自然環境の維持を基盤としてその範囲内で社会生活や経済活動を位置付ける「SDGsウェディングケーキ」(図表1)のような三層モデルが浮かび上がる[1]。大地祭儀場の南端には、環濠を小さくしたような周溝状遺構もある。その形状は、古墳時代に築造された円墳を小さくしたようにも見える。権力の象徴とされる古墳は壱岐に260基以上も確認されている。火葬を伴う仏教が伝来すると古墳時代は終わってゆく。

図表1　持続可能な開発の3本柱モデルからSDGsウェディングケーキ・モデルへ

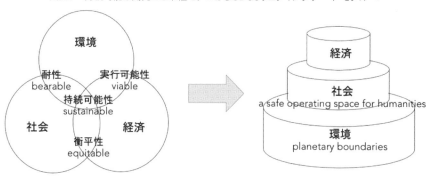

(出所)ロックストローム／クルム(2018: 166)から筆者作成

本来、開発とは大地や空や海と共生する人間の意識の開発を伴うものだったのだろう。仏教における「開発(かいほつ)」概念とは、そうした大地や社会と関わりを持つ自己の本性への目覚めである。「心地よさ」とか「人心地つく」境地は、自然環境や大地性が基盤となっていた(山本・竹村・松長, 2015: 205)。国民総幸福量(GNH)を提唱する

仏教国ブータンのワンチュク国王がいう「心の龍」もそうした仏性のことを示したものだろう（外務省, 2011）。

　しかし、壱岐の歴史は交流と戦闘を繰り返す。飛鳥時代の「白村江の戦い」では倭国・百済の連合軍が唐・新羅の連合軍に敗れ、壱岐島には防人や烽火台が配備された。現在では、島で最高峰の岳ノ辻展望台に狼煙で危険を知らせた烽火台が復元されている。

　奈良時代の『古事記』には国生み神話に「天上に達する一本の柱」としての「伊伎島」が記載されている（勝俣, 2009: 38-39）。『日本書紀』には、忍見宿禰が壱岐から月読神社を京都に分霊したことが記されている。これを根拠に神道が中央に根付いたとする「神道の発祥地」言説があるが、伊勢内宮の月読宮とは直接関係はないようだ。伊勢神宮や出雲大社に見られる20年あるいは60年ごとの遷宮の伝統も壱岐では確認できない。大嘗祭にも見られたように神を迎える社を常に新しくする「常若（とこわか）」は、日本におけるサステナビリティ概念に相当するだろう（河口, 2016）。2019年夏の宗像国際環境100人会議のテーマも「常若」だった。1300年以上続くサイクルの「継続」は、建築、装束、調度品などの匠の技の伝承とサプライチェーンとして日本全国の生態系システムの維持がないと継続できない。しかし、壱岐には太陽、月、大地、海など自然における八百万の神を祀る社が多く残っている。平安時代の『延喜式』に24社記載された壱岐の神社は、現在は神社庁登録数150社に増加しており、未登録数を含めると1,000社にものぼるという（壱岐新聞, 2018）。世界一「神社密度」が高いとしてギネスブックに申請するなど観光資源化している。

　鎌倉時代には元寇による激戦地となり、島民に大きな犠牲が出た。生き残った島民が室町時代に和寇となり、朝鮮半島や中国を襲ったようだ。安土・桃山時代には、スペインやポルトガルのアジア進出と同時期に豊臣秀吉が朝鮮出兵をした際、平戸領となった壱岐に勝本城が築城された。モンゴル帝国の皇帝フビライ（Kublai Khan）が蒸留酒を中国に伝えたとされるが、16世紀頃には壱岐にも蒸留技術が伝わった（山内, 2009）。蒸留酒技術の日本への流入は江戸時代初期のオランダ経由ルートもあったので、2つの伝播ルートが出会ったのはいつだっただろうか。壱岐島

には古代から稲作が盛んだったので濁酒や清酒の技術はあったが、江戸時代の平戸藩による重税により、島民は米ではなく麦を主食にするようになったという。その麦と米麹を合わせて作ったのが壱岐の麦焼酎の起源となったとされる。「壱岐焼酎」は、「薩摩焼酎」などとともに、1995年に成立した世界貿易機関（WTO）の貿易に関する知的所有権の保護を定めたTRIPS協定の「地理的表示」の保護指定を受けている。

　江戸時代は、鎖国にもかかわらず対馬藩を中心として朝鮮通信使との平和的な交流が続いた。「朝鮮通信使に関する記録」は、2017年にユネスコ記憶遺産「世界の記憶」に登録された。長泉寺跡の「マリア観音」など禁教期のかくれキリシタンの記憶も残る。平戸藩は、壱岐の農村集落を「触」、漁村集落を「浦」と呼ばれる行政単位に分けた（司馬, 2008: 60）。「触」の由来は古代の村「ムレ」、江戸時代の御触書の「フレ」が起源だとする説があるが、韓国語で集落を意味する「プル」の影響とする説もある（一支国博物館, n.d.）。また、韓国語で友人を意味する「ちんぐ」は壱岐焼酎の銘柄にもなっている。

　古代から海上貿易交流と国防の要所だった壱岐には、多くの烽火台や遠見番所があったが、近代の戦間期に築かれた黒崎砲台がとりわけ注目される。第1次世界大戦後のワシントン海軍軍縮条約で、戦勝国だった日本も軍艦の削減を受け入れた。しかし、廃棄した戦艦土佐の主砲を猿岩近くに移設し、対馬海峡に向けて備えたという。結果としてこの砲台からの砲撃はなかったが、やがて日本は国際連盟を脱退して第2次世界大戦に向かった。

　鬼ヶ島伝説もある壱岐は、「電力の鬼」とも呼ばれた松永安左エ門（1875-1971）の故郷でもある。戦前は、社長に就任した東邦電力を5大電力のひとつに成長させた。戦時中は、戦争や電力の国家管理に反対した松永は隠居せざるをえなかった。しかし、戦後はGHQ改革により国家管理が廃止され、民有民営・発送配電一貫経営・配電の地域分割を日本発送電の解体によって実現する松永案が9電力体制（のちに沖縄電力を含めて10電力体制）として成立した。福沢諭吉の「実業論」に示唆を受けて水力発電を重視した盟友の福沢桃介に対して、同じく諭吉の近

代科学的な実証主義に基づく経営や安定供給の観点から松永は水火併用方式(のちに火力発電燃料については産業保護の観点から石炭を主とする政府に対して、原発に依存できるようになるまでは重油を主として石炭を従とする方式)を主張した(橘川, 2009: 15-139)。政府からも産業界からも、消費者やメディアからも「鬼」と批判されながらも公益事業の持続性の観点から電力再編成を成し遂げた(白崎, 1990:下巻162-175)。松永は第1次石油危機前に没したが、存命であれば1970年代以降のエネルギー政策、そして2011年の東日本大震災による原発事故をどう見ただろうか[2]。無限の発達を遂げる科学の進歩に対して、利己的な人間性は何の進歩も見られないとして内面的な人間性の錬磨を松永は強調した。農村の電化を含め、「人間の奴隷労働からの解放」(宇佐美, 1993:40)する手段として電力を捉え、「我が人生は闘争なり」とした松永なら、新たな人間解放とローカルレベルでのエネルギー政策の舞台づくりをしたのではないだろうか。松永によれば、壱岐島は東西文明を繋いだ古代海洋交易の拠点のような「玄海のフェニキア」であり、ゴーギャン(Gauguin, Paul)が描いた楽園「タヒチ島をしのばせ」ている(白崎, 1990:上巻31)。壱岐島の南部には、佐賀県松浦半島の玄海原発から30km圏内に位置する地域がある。松永の生家がある印通寺浦もそこに含まれる。離島では原子力災害時に全島民が島外に避難することは難しく、再稼働反対運動も起きた。本土と系統連携していない壱岐市のSDGs未来都市計画は低炭素の島づくりと再生可能エネルギーの導入拡大と蓄電池の活用を目指している。日蘭通商400周年記念ロゴをつけたオランダ製の風力発電所も竣工した。自然エネルギーこそをベースロード電源として位置付けるエネルギーとコミュニティへのパワー転換をしてゆくべきであろう。

3. 未来からの逆照射

　アウトサイド・イン戦略は、未来のあるべき姿から現在とるべき政策を逆照射する。ムーンショット型のバックキャスティングである。過去から未来への予測ではなく、未来から現在への回測である。壱岐市SDGs未来都市計画の将来ビジョンとして、2030年のあるべき姿を壱岐活き対話型社会「壱岐(粋)なSociety 5.0」と呼

び、(1)1次産業スマートイノベーション、(2)EVを活用した交通インフラ整備による高齢者の移動サポート・大気汚染低減、(3)遠隔コミュニケーション活用による1人も取り残さない高品質な生活環境の実現、(4)クリーンで持続可能なエネルギーづくり、(5)外部連携で柔軟で強靭な地域づくりという5つの具体的なイメージが掲げられて説明された[3]。

　こうした将来像の概念的定義は高く評価すべきだが、その実現に向けた経済面、社会面、環境面での重要業績評価指標(KPI)の操作的定義には2つの課題がある。ひとつは、野心的なアスピレーションを必達目標と誤解しかねない数量的操作化の課題である。もうひとつは、指標の操作化自体における質的工夫の課題である。

　経済面については、マクロ経済、ミクロ経済、国際経済が概念的に想定されうるが、主に、産業構造バランスに注目したミクロ経済の指標化に絞られている。財政支出などマクロ経済に関する指標や国際貿易投資に関する指標は見られない。ミクロ経済においては、県平均に比べて割合が高い農業産出額(耕種)をKPIのひとつとし、2018年時点の16.5億円と同額レベルを2030年の数値目標としている。高齢化率が一貫して上昇し、2030年の人口予測値が2015年(27,106人)の8割まで減少することを見込み、後継者不足を想定したKPIだと思われる。しかし、1次産業のスマートイノベーションで6次産業化を目指していながら、KPIが6次産業化しておらず1次産業だけしか見ていない点は改善の余地がある。さらに、過去のデータから予測したフォアキャスティングは、未来にあるべき姿のバックキャスティングではない。ノルマとしての必達目標ではなく、KPIにも野心的な大志が反映されるべきだ。当時はあり得ないと思われていたケネディ(Kennedy, J.F.)大統領のアポロ計画は、人々を鼓舞して目標年より早く実現した。こうしたムーンショットこそが人々の行動変化を喚起する。そのプロセスは、『中庸』で示された儒教の「学問思弁行」に似ている。博く学び、審らかに問い、慎んで思い、明らかに弁まえ、篤く行う。『論語』には、博学篤志とある。目標とは大志の行動に他ならない。潮風やミネラル餌などによりブランド化された壱岐牛(壱岐の肉用牛は松阪牛や神戸牛などの元牛にもなる)をはじ

め、米（稲わら）と牛糞を活用した土づくりによるアスパラガス栽培など、豊かな自然環境とIoTやAI等の新技術導入を融合すれば、野心的なレベルを目指せるのではないか。その際、農業産出額を現状維持レベルで設定するよりも、6次産業の経済指標をとるべきである。また、経済面だけでなく社会面や環境面におけるトータルな収益を指標化すべきだろう。

　社会面では人口・年齢・雇用、健康、教育などが主要ターゲットとなる。少子高齢化における人口減少の中で2030年の労働人口を2015年と同レベルの13,000人に設定しており、より具体的には移住者数を2020年までに2018年現在の約2倍の200人に、そのサポートとして幼保連携型認定こども園を2020年までに4件新設するとしている。しかし、従来通りの移住による「定住人口」や、一時的なインバウンド観光客の「交流人口」でもない、ふるさと納税やテレワークなど意味ある有機的関係によって地域の人々と多様に関わる「関係人口」を指標化しても良いのではないか。その意味で、島外からの小中学生を受け入れる離島留学生数を指標化していることは評価されるが、ホスト・ファミリー不足の課題もある（壱岐新聞, 2020）。

　環境面では、気候変動、生物多様性、自然エネルギーなどが重要である。気候変動に関わる温室効果ガス削減目標について、壱岐市SDGs未来都市計画では2030年までに26％減とした。これは2030年度に2013年度比26.0％削減とする、パリ協定に対する消極的な日本政府の約束草案と同水準であり、ムーンショットとは言えないだろう。むしろ気候非常事態宣言によって2050年までに実質ゼロとしたことがムーンショットとして評価される。九州と系統連系していない壱岐市の電力は主に2ヵ所の火力発電所に負っているが、自動運転技術を用いた次世代自動車（電気自動車）台数を2030年までに60台（2018年現在37台）という設定も野心的ではない。既に風力発電所や太陽光発電、電動アシスト自転車やエコバイクも導入されているが、それらのスケールアップが気候非常事態宣言に対応する政策措置として必要である。さらには、例えば、高齢者施設や子ども園に優先的に太陽光発電パネルを設置することで温室効果ガス排出削減するだけでなく、そこで蓄電した電気を福祉車両などのEV交通手段に使用すれば健康的な移動手段を確保す

ることができる。また、高齢者や子どもがいる世帯の所得収入増加や自治体の社会保障支出削減を図ることもできるだろう[4]。

　壱岐市SDGs未来都市計画に生物多様性の指標は見当たらないが、壱岐の漁業では近海漁は男性（海人）、潜水漁は女性（海女）が主な担い手である。両者ともに乱獲を防ぐための配慮が見られる点は特記すべきだろう。「北の大間、西の壱岐」とも言われるマグロ漁だが、壱岐では延縄漁や巻き網漁ではなく一本釣りの伝統があるのはそのためだ。潜水漁も長く潜水できるウェットスーツをあえて使わない「レオタード漁」が根づいているという。しかし、両者とも海洋温暖化のために危機に直面している。沿岸域の海藻が繁茂しなくなる「磯焼け」が深刻な打撃を与えている。辰ノ島をはじめ、壱岐島沿岸での海洋プラスチック汚染も目立つ。

　再生可能エネルギーについては、経済、社会、環境の統合を図る試みも見られる。例えば、焼酎の製造工程ではもろみを蒸留した後に焼酎粕が残る。壱岐では戦前から1960年代半ば頃まで、焼酎粕は役牛の飼料として利用されていたという。やがて農作業が機械化されると役牛は利用されなくなり肉用牛へと移行してゆくが、1970年代以降に何度か生じた焼酎ブームの中で壱岐焼酎の生産量も漸増し、飼料として利用されなくなった焼酎粕は海洋投棄されるようになった。しかし、海洋投棄を2007年から原則禁止するロンドン条約1996年議定書が採択されると、壱岐の焼酎メーカー7社は、焼酎粕の肉用牛飼料化を図った（豊, 2018）。焼酎粕を壱岐牛の飼料とすることは環境的にも経済的にも効果が上がりうる。壱岐島で生まれた子牛は、松阪牛や神戸ビーフなど他のブランドの肥育用元牛として出荷されていたが、1970年代半ば以降に壱岐牛としてブランド化された。焼酎粕のバイオガス発電利用も同様の効果が期待できる。また、ノンアルコール飲料のもろみ酢を開発すれば、健康食品として社会的にも効果が上がるだろう。このように経済・社会・環境の同時達成をする工夫を、もっと指標化できるはずである。

4. SDGsガバナンス

　持続可能な開発をどのように達成するか。国連では1961年以降に国連開発の

10年が4次続き、21世紀に入って2015年を目標年とするミレニアム開発目標が定められた。国連の環境会議は1972年のストックホルム会議以降10年毎に開催され、2012年のリオ+20会議でSDGsが提案されて2015年国連総会で2030年を目標年とするSDGsが採択された。2002年ヨハネスブルグ会議までに経済、社会、環境の持続可能な開発の3本柱が広く認識され、リオ+20会議ではこれらを統合する4本目の柱は何かと注目された。倫理、教育、科学技術などさまざまな側面が多様な主体から提案されたが、国連によるアジェンダ設定は「グリーン経済」だった。これでは社会的側面が欠落してしまうので「持続可能な開発と貧困撲滅の文脈におけるグリーン経済」となった。もうひとつのアジェンダが「持続可能な開発のための制度枠組み」だった。第4の柱は何だと思うかとの筆者の質問に、潘基文・国連事務総長(当時)は「正義」と回答した。「だからSDGsの目標16にそれが入っている」とのことだった。SDGsでは目標16と目標17がガバナンス的側面にあたる。目標16は持続可能な開発に向けて平和と正義と制度を、目標17はパートナーシップを焦点化している。制度については、1960年代に国連開発計画、1970年代に国連環境計画、1990年代に国連持続可能な開発委員会が創設された。21世紀に入ると、持続可能な開発に関する世界サミットでマルチステークホルダー対話が強調された。リオ+20会議では国連加盟国すべてを包摂する国連環境総会が成立した。プラネタリー・バウンダリー論を提唱するロックストローム(Rockström, Johan)博士に筆者が質問した際には、「科学者の主張は、持続可能な3本柱論争から抜け出して、安定した地球環境の中での繁栄を求めるパラダイムに転換することだ」との回答だった。

　壱岐市の自治体SDGs事業におけるガバナンス的側面の回答は、対話による統合化である。対話(ダイアログ)は、会話や討論とは違う。非公式な場で非公式な話題を扱う会話がチャット(チャット)で、公式な場で公式の話題を討論するのがディベート(ディベート)だとしたら、非公式な雰囲気であっても公式の話題について対話するのがダイアログである。SDGs策定プロセスでアカデミアのグループはワールド・カフェと呼ばれるスタイルでダイアログが実施された。壱岐市のみらい創り対話会でもインフォーマルな雰囲気の中で

島内外のステークホルダーたちによる対話が2015年から実施されている。とりわけ高校生など若い世代が主体となって、社会人らとともに「リーン・キャンバス」（マウリャ, 2012)と呼ばれるビジネス・モデルを活用し、神社巡りコースの開発や空き家の民泊活用など数多くのプロジェクトを実施している。将来世代の小さな成功体験は、やがて大きな成功に結びつく可能性がある。このビジネス・モデル活用を導入したのは、富士ゼロックス長崎の協働があった。ゼロックス社の創設者ウィルソン（Wilson, Joseph C.）の経営哲学によれば、同社のビジネスの目標は「より良いコミュニケーションを通じて、人間社会のより良い理解をもたらす」ことであるという。

　域外との交流として、企業や大学との連携がある。富士ゼロックス以外にも、ITカンパニー、自動車会社、ドローン会社などと提携している。2019年には慶應義塾大学SFCと連携協定を締結し、そうしたアイデアを実際に提言する研究所の設立が期待されている。

　海外との提携では、グローバル・コンパクト・ネットワーク・ジャパンを通じた発信が記載されている。実際に同団体の会員啓発活動の一環として壱岐市を訪問したチームに同団体の後藤敏彦理事（環境経営学会会長）から気候非常事態宣言について聞いた壱岐市長は即決でこの取り組みを進めた。気候非常事態宣言の取り組みは、2016年にオーストラリアのデアビン市から始まった。世界の自治体の宣言状況は、CEDAMIAのホームページで公開されている。宣言内容を日本語だけでなく英語で国際発信するために、国際交流員の協力も得て即座に日英両で宣言をホームページで公表した。

　こうした機動的な活動の連結点となっているのは2019年度から壱岐市役所総務部に設置された「SDGs未来課」である。代議制民主主義もグローバル市場も現世代の近視眼的な利益反映を前提としており、長期的な将来世代の利益を反映しにくい制度である。ポスト近代化のガバナンスは、地球環境は祖先から継承したものというよりも将来世代からの借りものだとする先住民族の自然観に学ぶべきである。その意味で、「SDG未来課」は、行政や企業などの組織内に「将来省」や「将来課」（西條, 2015)を設置して将来世代の観点から現在の政策をデザインする

先駆的な制度化である。

　まだ生まれていない将来世代の人権は仮想的なものではある。仮想化は、グローカリゼーションの文脈における持続可能な開発ガバナンスにとってもうひとつの重要な切り口である。壱岐市では、SDGsガバナンスのコンセプトとして、対話とともにIoTとAIによる仮想化を挙げている。壱岐の1次産業は、従来から持続可能性を配慮してきたこともあり、農業も漁業も比較的小規模な個別経営が多い。IoTやAIによるスマート農業やスマート水産業として発展させるためには、組合などの業界団体や行政が初期導入や継続するための能力開発を含めた組織的な展開が期待される。既に開始された「壱岐の朝ごはんプロジェクト」では、IoTセンサーを活用した自動灌水システムを導入したスマート農業でアスパラガスなどの野菜を生産し、品質や味には問題ないにもかかわらず規格外となってしまう食品ロス部分を加工して、全国に販売するECマーケットが導入されている。こうした、1次産業、加工・製造、モビリティ・サービス、建物、自然エネルギーなどをトータルに統合するICTデザインが注目される。モビリティについては、既に島内では、電動アシスト自転車や電動バイクのレンタル事業が実施されているが、電動バイクや電気自動車の普及拡大を図るためには、急速充電スポットの拡充が課題である。食事や喫茶をはじめ、観光や社会的交流拠点において再生可能エネルギーをもとにした充電スポットの拡充することは充電時間中にコミュニケーションの交流を拡充することにもなり、経済、環境、社会の統合のスケールアップにつながりうる。

　軽量の商品や救急医療品のドローンを活用した配送も研究されている。テレワーク、遠隔医療、遠隔教育に関するIoTやAIの活用は、病院や大学が不足する離島だからこそ社会経済格差をなくすインパクトを与える価値がある。

5. 小さな島の大きな挑戦

　理論的含意としては、1990年代以降のグローバル化世界では「選択と集中」というモデルが流行したのに対して、グローカル化においては「分散と協調」がモデルとなりうるだろう。ただし、壱岐島のような離島での事例は、エネルギーについては

「分散と自立」モデルが必要だろう。自立してゆくモデルにおいても、島内グリッドのネットワークは重要となるだろう。

　ハイデガー(Heidegger, Martin)がいう「被投性」が示すように、私たちは否応なく、今この世界に投げ込まれている。しかし、例えば、核戦争や気候変動によって終末の日を迎える可能性があるのであれば、先駆的覚悟をもって今始めるしかない。それがバックキャスティングの考え方である。過去から現在へと流れる「歴史の時間」ではなく、将来の破局を賢明に回避する「投企の時間」(デュピュイ, 2012)の挑戦が今こそ求められているのである。

　戦後の経済成長や社会変化とそれに伴うさまざまな自然環境指標が1950年頃から急速に変化している。こうした地球規模で見られる「グレート・アクセラレーション」と呼ばれる変化の中で、壱岐のような過疎地域では少子高齢化による急速な変化が生じている。そうしたグローカリゼーションの文脈で、壱岐市のSDGs未来都市計画や気候非常事態宣言の事例研究から政策的含意を引き出すとしたら、壱岐市長の言葉を借りれば「即決と覚悟」である[5]。幾何数的な変化においては即決しないと後戻りできない暴走的結末を招く臨界点に達してしまうからである。政治的な覚悟とは、成功するまで続ける強靭性(レジリエンス)を持つことである。学校教育や企業における取り組みもあり、SDGsは若い世代や企業の社会的責任世代にはかなり浸透してきたが、高齢者を含む一般にはまだ十分に意識されているとは言えない。サステナビリティに相当する「常若」、心の内面の成長も示す「開発」、アスピレーションによる行動変化に結びつける「篤行」、レジリエンスに相当する「折れない心」など、日本語・日本文化にも通底する概念も使ってさらに拡大・深化させてゆくべきである。

　SDGsが盛り込まれた国連成果文書のタイトルは「私たちの世界を転換する」だったが、どのような姿に転換すべきなのか。グローカルな隣人たちのコミュニティ(Glocal Neighborhood)に転換すべきなのではないか。かつてマルクス(Marx, Karl)は「場所は周辺的だが、課題は中心的だ」と言った。これを援用して言えば、「場所はローカルだが、課題はグローバルだ」と言えようか。グローカリゼーションは、フラグ

メグレーションとも言われるように、統合と分断とが複合的に同時並行する。そうした世界を転換するためには、ホームでもアウェーでも活躍できることが重要である。玄海に向かって屹立する壱岐島の巨大な猿岩やマンモス岩は、小さな島の大きな挑戦を象徴しているように見える。

注

1　「トリプル・ボトムライン」や「経済、社会、環境の3本柱」と言われるモデルをロックストロームらは、プラネタリー・バウンダリー論の観点から環境を基盤にした同心円の3層モデルで再定義している（ロックストローム／クルム, 2018: 166）。一方、SDGsの原共同提案国のラテン・アメリカ諸国にはアンデス原住民の「母なる大地（パチャママ）」信仰がカトリックの聖母マリア信仰と融合した自然観が見られる。アルゼンチン出身の教皇フランシスコによる「回勅（ラウダート・シ）」にも影響していると考えられる。

2　松永はスリーマイル島原発事故前にスリーマイル島を含む欧米の原発を視察した。彼が委員長となった産業計画会議第14次レコメンデーション「原子力政策に提言」（経済往来社1965）では、住民に対する安全性や放射性廃棄物の永久廃棄の施策を前提とはしているが原子力の平和利用の推進を提言している。

3　JICA九州主催「地域創生 x SDGsセミナー」（2019年2月13日）での篠原一生・壱岐市企画振興部地域振興推進課係長・壱岐みらい創りサイト事務局長による説明資料「壱岐（粋）なSociety 5.0—壱岐市SDGs事業概要—」を参照。

4　筆者による参議院国際・地球温暖化問題に関する調査会参考人としてのCOP15への評価および包括的枠組み構築に向けた課題について意見陳述（参議院, 2010: 9）。

5　長崎県壱岐市総務部SDGs未来課長・小川和伸による報告「長崎県壱岐市の『気候非常事態宣言』について」A SEED JAPAN・Fridays for Future Tokyo共催セミナー「なぜ私たちは今、気候非常事態宣言を求めるのか」東京、2019年11月10日。

参考文献

壱岐市（2018）「長崎県壱岐市 SDGs未来都市計画」2018（平成30）年8月第一版策定.

壱岐市（2019）「気候非常事態宣言」2019（令和元）年9月25日可決承認.

壱岐市立一支国博物館（n.d.）「壱岐の地名由来情報」. http://www.iki-haku.jp/museumInet/layouts/04_iki/iki/fure-and-ura.pdf, 2020年3月1日最終アクセス.

壱岐新聞（2018）「神社の数『世界一』」2018年1月5日.

壱岐新聞（2020）「いきっこ留学20人超へ」2020年2月21日.

宇佐美省吾（1993）『人生の鬼 松永安左エ門』泰流社.

外務省（2011）「ブータン国王王妃両殿下の福島県訪問（概要）」2011（平成23年11月18日）. https://www.mofa.go.jp/mofaj/area/bhutan/visit/jigme1111/index.html, 2020年3月1日

最終アクセス.

勝俣隆(2009)「古事記から『壱岐島』を読み解く」『旅する長崎学11海の道I壱岐 邪馬台国への道』長崎文献社.

河口真理子(2016)「伊勢神宮の式年遷宮『常若』から学ぶ和のサステナビリティ」大和総研(2016年6月24日).

橘川武郎(2009)『資源小国のエネルギー産業』芙蓉書房出版.

西條辰義編(2015)『フューチャー・デザイン』勁草書房.

司馬遼太郎(2008)『街道をゆく13壱岐・対馬の道』朝日新聞出版.

参議院(2010)「第174回参議院 国際・地球温暖化問題に関する調査会会議録第1号(平成22年2月10日).

白崎秀雄(1990)『耳庵 松永安左エ門(上巻・下巻)』新潮社.

デュピュイ, ジャン=ピエール(2012)『ありえないことが現実になるとき』筑摩書房.

日本経済再生本部(2015)「『日本再興戦略』改訂2015」2015(平成27)年6月30閣議決定.

マウリヤ, アッシュ(2012)『Running Lean 実践リーンスタートアップ』オーム社.

山内賢明(2009)「壱岐焼酎の歴史と本格焼酎業界の抱える課題」『日本醸造協会誌』Vol.104, No.10, pp.743-748.

山本良一・竹村牧男・松長有慶(2015)『地球環境問題を仏教に問う』未踏科学技術協会.

豊智行(2018)「壱岐島における酒造会社からの麦焼酎粕を肉用牛繁殖農家で利用する取り組み」『畜産の情報』2018年7月号, pp.43-50.

ロックストローム, J. ／ M.クルム(2018)『小さな地球の大きな世界』丸善出版.

地域農業の持続可能性とジェンダー

高松 香奈

1.農業をめぐる国際的潮流

　農業やそれを支える地域の持続可能性とは何か。それを実現する政策とはどのようなものか。そして、そこでジェンダー関係はどう作用しているのか。本稿の目的は、地域農業の持続可能性にジェンダー視点からアプローチし、政策がもたらす可能性と相互作用あるいは対立する要素を考察することにある。地域農業の場としての長崎県をテーマに、考察していきたい。

　近年、農業に関係する国連の動きが活発である。2018年に「小農と農村で働く人びとの権利に関する国連宣言」（以後、小農宣言）が採択された。これは、小農の権利を守り、持続可能な地域社会や食料安全保障を守る目的を持つ。注視すべきは、小農宣言の採択をめぐる各国の対応であり（General Assembly resolution 39/12）、そこには対立がみられたという点である。この対立は、どのような農業のあり方を希求するのかという点に深く関わる。グローバル化を背景に、貿易の自由化や規制緩和、企業の多国籍化などは例外なく農業にも影響を与えた。国際競争力を高めるために農業の効率化が図られ、大規模化、大量生産、企業化などのあり方が存在する。これに対抗する流れが、この宣言には集約されている。それはすなわち、新自由主義的な農業ではなく、大多数を占める小農の主体性を回復させる動きである。

　ところで、小農宣言が採択された翌年の2019年から2028年は、「国連家族農

業の10年」と設定されている。これは、貧困削減や食料安全保障へ家族農業が果たしてきた役割への評価という意味を持つ。世界的には、大多数の農業経営体は家族農業の形態をとり（Lowder, Skoet & Singh, 2014）、日本国内においても、農業の組織形態別経営体数では、家族経営が約97％（長崎県は約98％）を占める（農林水産省大臣官房統計部, 2016）。家族農業と家族経営による農業は厳密には同義語ではないが、農水省は国内の「家族農業」の現状について農業経営体に占める家族経営体の割合を参照している。国際的にも、そして日本国内においても、環境、食料安全保障、地域社会の持続可能性において、農業経営体としての家族は重要なアクターなのである。

この「国連家族農業の10年」の設定においては、「国際家族農業年」（2014年）が大きく関わるが、そこでも農業のグローバル化や大規模化によってもたらされた課題の顕在化や、生産システムの持続性が問われていたという背景がある（河原林, 2019）。そして、近年の小農や家族農業への再評価は、持続可能な開発目標（以後、SDGs）の達成において非常に重要であるという指摘がある（FAO・IFAD, 2019; 池上, 2019; 関根, 2019）。

そのSDGsで中心に据えられているのが、ジェンダーの視点である。周知の通り、SDGsでは、17のゴールと169のターゲットが示され、ジェンダー平等もひとつのゴールとして設定されている。しかしそればかりか、SDGsの決議パラグラフ20では、ジェンダー平等の達成が他の目標の達成においても決定的に重要な要素であることに言及している（General Assembly Resolution 70/1）。これは、農業を考える上でも例外ではない。

女性は農業において多様な役割を果たしているが、依然として生産資源へのアクセスが限定的であるという指摘がある（Quisumbing et al., 2014）。このような課題に対応するために、SDGsでも農地の権利やアクセスへのジェンダー平等を指標のひとつとして掲げている。これは一例に過ぎないが、ジェンダー平等の理念を政策に落とし込むことは容易ではないであろう。

日本においては、農業人口の高齢化、そして耕作放棄地の増加など、農業、そ

して農業をささえる地域の「消滅」危機からどう脱却するかという命題を抱えている。では、国際的な農業の潮流やSDGsの設定がある中で持続可能な地域農業のために関連する政策はどう受容され、実装されているのか考察していきたい。誤解のないようにいうと、ここで小農宣言や家族農業の再評価の動きを示したのは、単に小規模単位の農業を賛美するためではない。その意図は、持続可能性を考えたときにどのような農業のあり方を将来的に希求するのか考える契機とすることと、農業にかかわるあらゆる決定を就農者(現場)主体とする動きが地域農業の持続可能性を考える上で重要であるという考えに基づく。

2. SDGsの枠組みは政策とどう結びついたか

(1) 経営戦略化されるSDGs

　世界環境開発委員会の報告書*Our Common Future*では、現在だけではなく、永続的にニーズを満たす「持続可能な開発」という概念が提示された(World Commission on Environment and Development, 1987)。そしてこの概念はSDGsにも影響を与えた(Palmer, 2015)。同報告書では、「ジェンダーと開発」の第一人者であるモーザ(Moser, C.)の文章をコラムとして紹介し、ジェンダーニーズを無視した開発の問題を指摘している。これは経済成長や所得の向上などのオーソドックスな「開発」概念に基づく政策と、開発プロジェクトや開発政策に内在するジェンダー意識が、一部の住民に負の影響を与える危険性を指摘し、「開発」のあり方を根本的に見直す必要性を提起している。この報告書に提示された概念に拠って立つSDGsも、この考え方の流れに存在するのである。

　首相官邸に設置されている、SDGs推進本部は、「持続可能な開発目標(SDGs)実施指針」(2016)を策定している(2019年改定)。この指針は日本の「SDGsを達成するための中長期的な国家戦略」と位置付けられている(SDGs推進本部, 2016)。そこには「ビジネスとイノベーション〜 SDGsと連動する「Society 5.0」の推進〜」、「SDGsを原動力とした地方創生」、「SDGsの担い手として次世代・女性のエンパワーメント」という3つの柱が示されている(SDGs推進本部, 2019a)。指針に基づいて

作成された「SDGsアクションプラン2020」(SDGs推進本部, 2019b)には、循環共生型社会の実現に向けた取り組みなどが示されるものの、多くの部分でSDGsを経済成長の起爆剤として捉えるような考え方が底通している印象を強く受ける。この政府の実施指針については、既存の政策や安倍内閣のトリクルダウン政策が持ち込まれた内容で、新しい方向性が打ち出されていないという指摘がある(西川, 2018)。さらには、経済成長のためのコードとしての「サステナビリティ」の価値づけがおこなわれているという指摘にもみられるように(福永, 2019: 136-138)、SDGsが、政策に実装される際に、都合の良い形で消化されているのである。SDGsの特徴のひとつとしてあげられる積極的な企業の取り組みについて、そのアプローチが「目標ベースのガバナンス」であり、これが規制ではなく自律を志向する経済界が好意的に受け取ったという考え方が示されている(蟹江, 2019)。しかし実際のところは、「持続可能な開発」をどう捉え新しい方向性を示すのかではなく、国際的な目標にコミットするイメージの良さと、「生き残り戦略」としての使い勝手の良さがあるからではないか。日本政府が「オールジャパン」を掲げSDGsへの取り組みを企業とともに推進している姿は、SDGsのラベルを使用したトリクルダウン的な経営戦略化を進めているような姿にみえる。

(2)農業のブルーオーシャン化と女性の資源化

　経営戦略化するSDGsで、農業やジェンダー平等はどう捉えられているのだろうか。「SDGsアクションプラン2020」には、農業の成長産業化、農林水産業におけるイノベーションの推進、そしてスマート農林水産業の推進などがあげられ、また「「生産性向上・経済成長・地方創生」の切り札としてあらゆる分野における女性活躍を推進」が謳われている(SDGs推進本部, 2019b)。しかし、これらは、これまでの政策によって形づくられたもので、SDGsというラベルが付与されたに過ぎない。

　農業の成長産業化は、現在の「食料・農業・農村基本計画」(2015)においても、農業の成長産業化や新しい可能性を切り拓く技術革新について言及されている(農林水産省大臣官房政策課, 2015)。この基本計画は、「農業基本法」(1961)に変わる

ものとして1999年に制定された「食料・農業・農村基本法」(以後、新基本法)を受け策定された。新基本法が、公共性と新自由主義的な要素を内在しているという指摘があるように(田代, 2019: 278)、誕生の背景には、1990年代以降に見られた農業を取り巻く環境の変化と農政の影響がある。

　日本経済新聞は「平成」の農政について特集記事を掲載した(2018.10.20 朝刊: 8)。「新しい食料・農業・農村政策の方向」(1992)では、経済のグローバル化を背景に、競争原理を一層取り込む方向へのシフトと、競争力の強化が目指されていたものの、結果としてはそれが頓挫したと結論づける。確かに、「平成」時代には農政の変更がたびたび見られた。「農業経営基盤強化促進法」(1993)により選択的に農業者をサポートする支援が導入されたり、特定農業法人制度も創設により農地の集積や農業生産団体が認められるようになり、農業団体の法人化も可能となった。農地法改正(2009)では、一般法人の貸借での農業参入の規制が緩和された。そして、2013年には「農林水産業・地域の活力創造プラン」が策定され、構造改革の加速や6次産業化などが目指された。途中、政権交代による新制度の創設と廃止もあった。これら、とくに「平成期後半」の農業政策について「担い手にとって経営環境は安定せず、また、現場の実情を無視した官邸主導の農政が混乱をもたらし、1980年代の地域農政期以降、営々と農村に積み上げてきた資産を破壊する結果となったのである」という指摘がある(安藤, 2019: 140)。現在の、農業の成長産業化という構想も、これまでの政策の延長線上にあり、これが現場発の構想なのかどうか見極めが重要ではないだろうか。

　SDGsでは、農林水産業のイノベーションについても触れられている。近年、新しい考えやテクノロジーを活用した農業のイノベーションをテーマとした議論が広がりを見せている。例えば、日本の農業の最大の問題を国際競争力の欠如として捉え、その解消のために最先端の技術を活用した農業の提唱(竹下, 2019)や、新しい価値観、新しい技術を持って新たに農業に参入した人々への取材を通した、新しい農業のかたちの提示である(川内, 2019)。これらの研究や取材は、新自由主義的な農業のあり方を模索するものと誤解されがちであるが、実は農業に対する貴重

な示唆を提示していると考える。それは、農業の技術や知識のアップデートはもとより、新しい発想を生むための多様性の推進という要素である。多様性が尊重される環境で、農業の可能性が広がることを示しているのである。イノベーションは、これまでの農業政策によって形作られてきた農業の延長線上には起こらない／起こり難いということである。しかし、既存の政策路線へのSDGsという新しいラベルの貼り付けや、最先端技術の取り込みは、農業をあたかも未開拓市場のようにブルーオーシャン化しているのであり、どのように、そしてどのような持続可能性を実現していくのかという点が欠けている。

　新しい発想を生むための多様性の推進という要素に触れたが、多様性はどう担保されるのだろうか。まず政府は女性にターゲットを絞っている。地方創生や経済成長の切り札として女性活躍を推進する方針は、「すべての女性が輝く社会づくり本部」により決定された「女性活躍加速のための重点方針2019」に基づいている。そもそも、「すべての女性が輝く社会づくり本部」は2014年に内閣への設置が閣議決定された組織であるが、そこには女性という最大の潜在力を活用し、社会の活性化につなげようという考えに基づく。そしてこれに応答するように、農林水産省は女性を地域活性化や6次産業化等の重要な担い手として捉え、女性が意思決定プロセスにより参画していくこと、そしてその環境整備を行うことを掲げている（農林水産省ホームページ）。地域活性化や6次産業の担い手と位置付けられる女性は、どのような環境に身をおいているのだろうか。長崎県を中心にセンサスを用いながら考察してみたい。

3. 地域農業とジェンダー

（1）二極化する農業

　「2015年農林業センサス」（農林水産省大臣官房統計部, 2016）をみると、長崎県においては総農家数（販売・自給）も、あらゆる形態の販売農家（専業・兼業）も、農業従事者も、農業経営体のいずれもが、従前のセンサスから減少している。従来より兼業農家は専業農家に比べ多いが、兼業農家の減少率は専業農家のそれの倍以上と

なっている。「農業構造動態調査」(2018)をみると、長崎県の年齢別の基幹的農業従事者数は男女ともに65歳以上が多く、とくに若い世代（34歳以下）では女性の労働者は極めて少ない（農林水産省大臣官房統計部, 2018a）。

　これらのデータから、長崎県の農業は先細りしているイメージを受ける。ただし、経営耕地規模別農家数をみると、経営耕地面積5ha以上の階層では農家数は増加し、とくに20ha以上の階層では増加率が高い（農林水産省大臣官房統計部, 2016）。さらに、農産物販売金額規模別にみると、前回センサスと比較し、1,000万円から１億円層では増加がみられている（農林水産省臣官房統計部, 2016）。センサスからは、耕地面積と販売金額規模、そして農業経営体（法人化されているかどうかなど）の関係は明らかにはできないが、広い耕地面積での農業や、販売金額規模の大きい販売農家では、減少がみられていない。2010年の農業センサスを利用した地域ごとの離農要因分析では、経営主の高齢化や小規模農業という全国の特徴に加えて、九州地域では6次産業などの関連事業を展開していないことや、農業生産組織の構成員であることなどが離農に影響を与えていると分析している（栗原・霜浦・丸山, 2014）。関連事業で収益が上がることが想定され、また農業生産組織の構成員が比較的小さい規模の農家の集団化を意味しているとしたら、これらはセンサスの示したデータと符合する。ただし、6次産業化は容易ではなく、この点については後述したい。

　さらに、全体として減少傾向にある長崎県の農業について、「持続可能性」の観点から懸念される結果もみられる。販売農家のうち環境保全型農業に取り組んでいる農家数が、前回のセンサス(2010年)と比較し、44.2%も減少したのである（農林水産省大臣官房統計部, 2016）。環境保全型農業とは、化学肥料や農薬の低減、そして堆肥による土作りなどが該当する。販売農家数自体も減少しているものの、この44.2%は大きな数字である。2010年センサスでは「農業経営組織別環境保全型農業に取り組んでいる農家数」についてのより詳細な情報があり、販売農家の中でも、単一経営の、とくに稲作をしている農家に、環境保全型農業の積極性をみることができた（農林水産省大臣官房統計部, 2011）。2015年のセンサスでの稲作農家

の減少率が6.6%であることを考えると（農林水産省大臣官房統計部, 2016）、やはり環境保全型農業の減少は大きいものと判断できる。農林水産省は、環境保全型農業への消費者ニーズは高いとしながらも、収量や品質低下、労働負担を増大させる可能性があることがデメリットであると認識している（農林水産省生産局環境保全型農業対策室, 2007）。すなわち、家族経営による小規模な農家にとっては、労働力の問題、そして安定的な収入という意味においても、環境保全型農業の実施と継続は容易なことではない。

（2）農業とジェンダー:農林業センサスが提示するジェンダー規範

　農林水産省経営局就農・女性課長は、女性就農者を取り巻く環境について次のように指摘する。まず農業離れを加速させたものとして、農村社会の閉鎖性とジェンダー規範をあげ、消費者目線の農業生産の重要性の高まりによる農業女性の「経営参画」や「活躍推進」などの政策シフトが生まれるが、課題としての「農村在住者」の意識の壁や農業法人の少なさをあげる（佐藤, 2016）。

　「農家における男女共同参画に関する意向調査結果」は、女性の意向として農業経営の主体は女性以外であることを望む傾向があると結論づける（農林水産省大臣官房統計部, 2018）。しかし、別の見方も成り立つのではないだろうか。例えば、農業全般または特定部分を含め、経営者・共同経営者という立場で参画したい人という括りでは26.7%の女性がそれを望み、何らかの形で自分の意見を経営に反映させたいと希望する人をこれに足すと、60.8%の女性に農業への積極性を確認することができる。一方で、指示された農作業、繁忙期のみ、農作業は行いたくないという意向、いわば補助的かつ消極的な意見を示す人は35.4%となる。これらの回答を年齢階層別にみると、各項目において顕著な違いはみられないものの、時代とともに女性の農業への積極性が若干ではあるが増しているのではないかと推察することができるのではないだろうか（図表1）。

図表1 「女性の農業経営への関わり方」への女性の意向（全国）

区分		回答者数	比較的積極的				補助的・消極的			その他	無回答
			経営者として主体的に農業経営方針の決定に携わりたい	共同経営者として特定の部門的な農業経営方針の決定に携わりたい	共同経営者として特定の部門を責任もって経営したい	経営方針決定は夫あるいは親等が行うが、自分の意見も反映させたい	指示された農作業にだけ従事したい	農作業が忙しいときだけ手伝いたい	農作業は行わず、経理等の事務作業に携わりたい		
		人	%	%	%	%	%	%	%	%	%
年齢階層別	49 歳 以 下	72	4.2	12.5	9.7	36.1	19.4	13.9	1.4	2.8	-
	50 ～ 59 歳	197	5.6	17.3	6.6	38.6	16.8	10.7	1.0	2.5	1.0
	60 ～ 64 歳	188	3.2	14.4	6.4	28.7	26.6	14.9	1.6	2.1	2.1
	計	457	4.4	15.3	7.0	34.1	21.2	12.9	1.3	2.4	1.3

（出所）農林水産省大臣官房統計部（2018b）「平成29年度 食料・農林水産業・農山漁村に関する意向調査 農家における男女共同参画に関する意向調査結果」統計表をもとに、筆者作成

　そして、農業経営への参画は、専門的な経営意識が重視されているものの、家事・ケア労働の軽減や、性別役割分業意識などジェンダー規範に基づくものを合算すると、これがかなりのハードルとなっていることがわかる（図表2）。農業以外の労働の部分で、非常に忙しいという現状があると同時に、世帯内そして地域のジェンダー規範の変革なくして、農業における女性の意思決定への参画は難しいということが現状として指摘できる。

図表2　女性の農業経営方針への参画を促進する重要なこと（女性の意向:全国）

区分		回答者数	家族経営協定等により経営方針への女性の関わりについて取り決めを行うこと	農業技術・経営等に関する知識の習得	家事・育児・介護等の負担の軽減	家事・育児等は女性の仕事という固定的役割分担の意識の打破	その他	特にない	無回答
		人	%	%	%	%	%	%	%
年齢階層別	49 歳 以 下	72	9.7	36.1	23.6	19.4	4.2	6.9	-
	50 ～ 59 歳	197	9.6	36.0	27.9	14.7	1.5	8.1	2.0
	60 ～ 64 歳	188	10.1	31.4	29.8	14.9	0.5	12.8	0.5
	計	457	9.8	34.1	28.0	15.5	1.5	9.8	1.1

（出所）農林水産省大臣官房統計部（2018b）「平成29年度 食料・農林水産業・農山漁村に関する意向調査 農家における男女共同参画に関する意向調査結果」統計表をもとに、筆者作成

　しかし、問題をさらに難しくするかのように男性の意識がある。例えば、家事・育児等は女性の仕事という固定的役割分業の意識を打破することが重要であると考えている女性は15.5%いるが、男性はわずか6.1%なのである（農林水産省大臣官

房統計部, 2018b)。この意識の差こそが、「『農村在住者』の意識の壁」(佐藤, 2016)
ではなかろうか。

　長崎県の現状として、販売農家における経営方針への参画の状況を参考に、
図表3に基づき、つぎのことが指摘できる。まず、販売農家の経営者は、約94%が
男性となっている。そして男性の経営者による農業経営体においては、半数以上
(約53%)が、経営参画者がいないと回答している。わずかにしか存在しない女性経
営者による農業経営体においては、約68%が経営参画者がいないと回答してい
る。これは、経営者の年齢とも関わることが推測できる。同センサスの「年齢別経営
者数」をみると、男性経営者の場合には、その増減が60歳から64歳の層を最大に
山が作られるが、女性の場合は75歳から79歳を最大に山が作られる(農林水産省
大臣官房統計部, 2016)。これは、自然減など男性経営者が不在となることにより、女性
が経営者となるケースが多く、経営について相談できる相手も不在ということが推
察することができる。しかし、男性経営者で経営参画者がいないと回答している人
は、女性経営者とは異なり、男性が主な決定者としての農業スタイル・意識が強固
にあり、ワンマンに(または比較的孤独に)農業経営をおこなっている現状がセンサスか
ら読み取れる。このような状況は、女性たちの農業への意見が反映されにくいとい
うことだけではなく、農業経営で新しいアイディアなど多様な考え方を取り入れてい
く可能性をも台無しにしているといえる。

図表3　販売農家の経営方針の決定参画者(経営者を除く:長崎県)

経営者数	男性の経営者 19967 (94%)	女性の経営者 1337 (6%)	合計 21, 304 (100%)
経営参画者がいない	10559 (53%)	910 (68%)	11469 (54%)
経営参画者がいる	9408 (47%)	427 (32%)	9835 (46%)
男女の経営方針決定参画者がいる	1718 (18%)	79 (19%)	
男の経営方針決定参画者がいる	1013 (11%)	281 (66%)	
女の経営方針決定参画者がいる	6677 (71%)	67 (16%)	

(出所)農林水産省大臣官房統計部(2016)「2015年農林業センサス」「第2巻　農林業経営体調査報告書
−総括編−」「10　経営方針の決定参画者(経営者を除く)の有無別農家数」をもとに、筆者作成

家事・育児などの労働分担や固定的なジェンダー意識については、改善のための施策が取られてこなかったという訳ではない。1995年に農林水産省構造改善局長・農蚕園芸局長の通達によって、家族経営協定を世帯内で結ぶことが推進されている（農林水産省, 1995）。これは女性の農業従事者を可視化する役割を果たしていると考えられる。この協定を結ぶことによって、年金をはじめとする優遇措置が受けられる可能性が広がる。このようなベネフィットも要因のひとつだと考えられるが、経営協定の締結数は過去15年微増が続いている（農林水産省経営局, 2019）。しかし、締結内容をみると「生活面での役割分担（家事・育児・介護）」は半数以下（44.8%）であり（農林水産省経営局, 2019）、協定に盛り込まれにくいのである。これこそがジェンダー規範の現れとも言える。

　既述の通り、日本の農業の特徴として、家族経営があげられる。これは家族の構成員の生産労働が不可視化され無償労働化されやすいという特徴を持つ。そして世帯内や地域で温存されるジェンダー規範や、農業、家事労働、ケアワークなどの役割の全てが、深く関わりながら問題として横たわっているのである。長崎県で男女共同参画を担当する職員からは、農業に従事する女性は生産者であると同時に、世帯やコミュニティの成員であるので、ひとつの課題が独立して存在するのではなく、ジェンダー課題は農業の領域だけではなく、世帯内や地域内のあらゆるジェンダー課題と密接に関係しており、多面的な取り組みが必要という見解が示された（2020年2月27日長崎県庁での意見交換）。これは政策を考える上での重要な示唆である。

　姉歯暁（2018）は、新聞投稿欄の丹念な考察と、聞き取り調査により、「農家の嫁」が抱える問題、それは女性の地位、農政、福祉などのあり方、ジェンダー規範などと深く関わる問題群を、戦後の時代に遡り、浮かび上がらせている。時代の変化や農業のあり方の変化とともに、その問題群も変容しているはずではあるが、センサスや各種データをみる限りにおいて根底には一貫としてジェンダー規範の再生産が行われ、女性の労働を不可視化、そして周縁化する力が作用しているように感じられる。

（3）6次産業化は奇跡を起こせるか

　日本公庫調査によると、全国を対象とした調査では、6次産業の取り組みにより所得上昇をもたらしているケースがみられるものの、黒字化までに平均で4.1年と、軌道にのせるまでに複数年を要していることが示されている（日本政策金融公庫, 2011）。

　長崎県のケースをみてみたい。農業生産関連事業を行っている販売農家の実農家数は2010年のセンサスから20.2%も減少し、農業経営体を単位とするセンサスをみても、19.4%減少している（農林水産省大臣官房統計部, 2016）。販売農家でも、そして農業経営体でも、最も多いのが消費者への直接販売である。そして、減少が大きいのが、観光農園、貸農園・体験農園等となっている。農業経営体の、直接販売以外の農業生産関連事業収入をみてみると、64.8%が100万円未満となっており、いかに関連事業等で収益をあげるのが難しいのかを示している（農林水産省大臣官房統計部, 2016）。

　6次産業の難しさについては、地域の実情についてよく知る、男女共同参画政策や農業政策に関わる行政官との意見交換でも指摘された。農業生産関連事業もこれまでの農業の経験の中から出てくるものであるし、収益をあげるのは極めて難しく、かつ活動の中でリーダーシップを取る人の存在の有無などの条件も欠かせないということ、そして事業を継続していく難しさもあるという点である（2020年2月27日大村市役所での意見交換）。

　女性を主な担い手として捉えている6次産業であるが、農業生産における消費者目線の高まりによる政策シフトが（佐藤, 2016）、女性を主な担い手とする所以である。農業労働を丹念にジェンダー視点からアプローチした、渡辺めぐみ（2009）は、ジェンダー化された労働の問題を指摘した上で、自分自身の考えで仕事のできる領域を確保するために、戦略的にジェンダー化が行われる側面があることも指摘する。6次産業に代表されるような農産物販売についても、その女性たちの働きが世帯内で評価されなくても、それは自身のやり甲斐として消化されているという（渡辺, 2009）。とすると、6次産業は、農業に携わる女性たちの労働を「可視化」したり、

自己の決定に基づいて行える可能性を広げるなど、「エンパワーメント」という側面が強いのである。その立場に立つと、6次産業から得られる収益や所得上昇などは、限定的な評価にすぎない。ただし、政策の流れは明らかに、産業の成長を見込んだ、地域農業の持続可能性や地域創生にあるのである。

4. 持続性の検討へ：「生きやすさ」と「多様性」から

　本稿は、地域農業の持続可能性にジェンダー視点からアプローチし、政策がもたらす可能性と相互作用あるいは対立する要素を考察することを目的とした。地域農業の持続可能性を実現すべく取られている政策とはどのようなものか。そして、ジェンダー関係はどう作用しているのかという点である。

　簡単にまとめると、まず農業をめぐる近年の動きとして、小農や家族農業への再評価がある。これは、グローバル化を背景に展開されてきた新自由主義的な農業のあり方に対抗する動きである。そして、SDGsの実現においても小農や家族農業への再評価とジェンダー視点が不可欠だという認識が共有されている。

　日本政府は、SDGsという国際的なアジェンダの実現に向け、国内においては指針などを整備した。しかし、それらは開発の根本的な問い直しや、持続可能性の方向性を示すものではなく、むしろ既存の政策にSDGsのラベルを貼った、新自由主義的価値を下支えするような政策枠組みという特徴が見いだせるのである。人口減少を迎えた社会で、政府と企業が何を「持続性」とし「開発」を捉えるのかという議論ではなく、むしろ既定路線での「生き残り」をかけてSDGsを推進する姿は、官民が一体となってSDGsの経営戦略化を進めるような様相を呈している。この傾向は、農業やジェンダー平等を目指す政策においても顕著にみられるのである。

　SDGsで目指される農業の成長産業化も女性の活躍推進も、単に既存の政策の影響を強く受けたものであった。日本の農政は、グローバル化を背景にさまざまな改革が試みられた。しかし離農や耕作放棄地の問題解消にインパクトを与えたとはいえないし、保護したり解放したりと、農業従事者は政策に翻弄された。さらに

は、環境共生型の農業の推進がある一方で、農業の大規模化や生産性向上が目指されるなど、相互に政策上の調整はなく単に政策アジェンダとして乱立するような状況が発生している。農業政策の迷走という時代を経て混沌とした農業や農村は、最先端技術の普及に背中をおされ、あたかも未開拓市場で、さまざまな可能性が眠るブルーオーシャンのような存在となっている。確かに、先端技術は農業に新しい可能性をもたらすと期待できる。ただし、ICTの活用などの農業や新しい試みにおいては、多様性がキーワードになるであろう。多様性とはさまざまな担い手が参画できる農業である。しかし、この部分についてはセンサスからも大きな問題が指摘できる。それは、過去にも、そして現在においても女性は農業の主な担い手であるにもかかわらず、その労働は十分な評価を受けず、家族経営が主体の農業において、依然として農業生産活動と家事、介護・育児などのケア労働の過重な負担やそれを支えるジェンダー規範が問題として横たわっているという事実である。主要な農業の担い手である女性の「生きづらさ」がそこにはあるのだ。だが、農業の持続性は地域活性化の政策と一体となり、その政策においては女性を活用されていない「資源」とする動きが、女性活躍推進政策とあいまって促進されてきた。女性の活躍推進のひとつとして、6次産業の担い手としての女性という位置付けがある。しかし、6次産業化によって収益もあげることも、そして地域の持続性に貢献することも容易なことではない。ただ、6次産業が農業における女性の貢献を明らかにすること、もしくは女性の「やりがい」や「エンパワーメント」、そしてジェンダー規範を変化させる長いプロセスの入り口として捉えるならば、大きな意味を見いだすことができるであろう。しかし、政策上は、SDGsの経営戦略化路線にあるように、マネタイズ化が求められ、経済的な貢献による地域の活性化という意味が大きいのである。

　地域農業の持続可能性とは何か。この答えを見つけるのは容易なことではない。しかし、女性就農者の「労働力を最大限に活かす環境整備」ではなく、女性就農者が「生きやすい」、「多様性」を尊重した環境を作っていくことが、農業の持続性を考える上でも、そして地域の活性化を考える上でも重要なのではないか。

謝辞

　本研究では、長崎県内で男女共同参画政策、農業政策を担当する行政官と意見交換をする機会を頂いた。お忙しい中お時間をお取りいただいた、長崎県庁男女参画・女性活躍推進室、長崎県男女共同参画推進センター、そして大村市役所男女いきいき推進課、農林水産振興課の皆様にこの場をお借りしお礼申し上げたい。

参考文献

FAO and IFAD（2019）*United Nations Decade of Family Farming 2019-2028*, Rome: Global Action Plan.

General Assembly Resolution 39/12, United Nations Declaration on the Rights of Peasants and Other People Working in Rural Areas, A/HRC/RES/39/12（28 September 2018）, https://digitallibrary.un.org/record/1650694, 2020年3月28日最終アクセス.

General Assembly Resolution 70/1, Transforming our world: the 2030 Agenda for Sustainable Development, A/RES/70/1（25 September 2015）, https://documents-dds-ny.un.org/doc/UNDOC/GEN/N15/291/89/PDF/N1529189.pdf?OpenElement, 2020年3月28日最終アクセス.

General Assembly Resolution 72/239, United Nations Decade of Family Farming (2019–2028), A/RES/72/239（20 December 2017）, https://digitallibrary.un.org/record/1479766, 2020年3月28日最終アクセス.

Hafner-Burton, E. M., and K. Tsutsui（2007）"Justice Lost! The Failure of International Human Rights Law To Matter Where Needed Most", *Journal of Peace Research*, Vol.44, No.4, pp.407–425.

Lowder, S.K., J. Skoet, and S. Singh（2014）"What do we really know about the number and distribution of farms and family farms worldwide? *Background paper for The State of Food and Agriculture 2014*, ESA Working Paper No.14-02, Rome: FAO.

Palmer, E（2015）"Introduction: The Sustainable Development Goals Forum", *Journal of Global Ethics*, Vol.11, No.1,2015, pp.3-9.

Quisumbing, Ma. Agnes R. & Meinzen-Dick, Ruth Suseela. & Raney, Terri L. & Croppenstedt, André. & Behrman, Julia. & Peterman, Amber. & FAO（2014）*Gender in agriculture: closing the knowledge gap*, Rome: FAO.

World Commission on Environment and Development（1987）*Our common future*, Oxford: University Press.

姉歯暁（2018）『農家女性の戦後史 日本農業新聞「女の階段」の五十年』こぶし書房.

安藤光義(2019)「第4章 平成期の構造政策の展開と帰結」田代洋一・田畑保編『食料・農業・農村の政策課題』筑波書房, pp.129-172.

池上甲一(2019)「SDGs時代の農業・農村研究—開発客体から発展主体としての農民像へ—」『国際開発研究』28巻1号, pp.1-17.

川内イオ(2019)『農業新時代』文藝春秋.

蟹江憲史(2018)「SDGsとFuture Earth」『学術の動向』第23巻第4号,公益財団法人日本学術協力財団, pp.61-63.

河原林孝由基(2019)「家族農業をSDGsの主役に— 国連「家族農業の10年」を迎えるにあたって —」『農中総研調査と情報』第70号,農林中金総合研究所. https://www.nochuri.co.jp/report/pdf/nri1901re9.pdf 2020, 2020年3月28日最終アクセス.

栗原伸一・霜浦森平・丸山敦史(2014)「農業センサス個票を用いた離農要因の地域別分析」『農業情報研究』Vol.23, No. 2, pp. 72-81.

佐藤一絵(2016)「女性農業者の活躍における課題(特集 農業と労働)」『日本労働研究雑誌』Vol.58, No.10, pp.59-68.

首相官邸ウェブサイト「すべての女性が輝く社会づくり」https://www.kantei.go.jp/jp/headline/josei_link.html, 2020年3月28日最終アクセス.

すべての女性が輝く社会づくり本部(2019)「女性活躍加速のための重点方針2019」http://www.gender.go.jp/policy/sokushin/pdf/jyuten2019_honbun.pdf, 2020年3月28日最終アクセス.

関根佳恵(2019)「国連の「家族農業の10年」がめざすもの」小規模・家族農業ネットワーク・ジャパン(SFFNJ)編『よくわかる国連「家族農業の10年」と「小農の権利宣言」』一般社団法人農山漁村文化協会.

竹下正哲(2019)『日本を救う未来の農業—イスラエルに学ぶICT農法』筑摩書房.

田代洋一(2019)「第7章 平成期の農政」田代洋一・田畑保編『食料・農業・農村の政策課題』筑波書房, pp.261-322.

西川潤(2018)「第5章 成長、ディーセント・ワーク、格差」高柳彰夫・大橋正明編『SDGsを学ぶ』法律文化社.

日本経済新聞(2018年10月20日,朝刊,8面)「気がつけば後進国(2)迷走続いた農政、強い農業描けず——2度の政権交代、補助金依存深める(平成の30年陶酔のさきに)」.

日本政策金融公庫(2012)「平成23年度 農業の6次産業化に関する調査」https://www.jfc.go.jp/n/findings/pdf/topics_111202_1.pdf, 2020年3月28日最終アクセス.

農林水産省ホームページ「女性活躍に関する支援施策」https://www.maff.go.jp/j/keiei/jyosei/yosan.html, 2020年3月29日最終アクセス.

農林水産省(1995)「家族経営協定の普及推進による家族農業経営の近代化について」https://www.maff.go.jp/j/kokuji_tuti/tuti/t0000159.html, 2020年3月28日最終アクセス.

農林水産省経営局(2019)「家族経営協定締結農家数について」https://www.maff.go.jp/j/keiei/jyosei/attach/pdf/kyoutei-1.pdf, 2020年3月28日最終アクセス.

農林水産省生産局環境保全型農業対策室(2007)「環境保全型農業の現状と課題」

https://www.maff.go.jp/j/study/kankyo_hozen/01/pdf/data02.pdf, 2020年3月28日最終アクセス.

農林水産省大臣官房統計部(2011)「2010年農林業センサス」https://www.maff.go.jp/j/tokei/census/afc/2010/houkokusyo.html, 2020年3月28日最終アクセス.

農林水産省大臣官房政策課(2015)「食料・農業・農村基本計画」https://www.maff.go.jp/j/keikaku/k_aratana/, 2020年3月29日最終アクセス.

農林水産省大臣官房統計部(2016)「2015年農林業センサス」https://www.maff.go.jp/j/tokei/census/afc2015/280624.html, 2020年3月28日最終アクセス.

農林水産省大臣官房統計部(2018a)「農業構造動態調査」https://www.maff.go.jp/j/tokei/kouhyou/noukou/, 2020年3月29日最終アクセス.

農林水産省大臣官房統計部(2018b)「平成29年度 食料・農林水産業・農山漁村に関する意向調査 農家における男女共同参画に関する意向調査結果」https://www.maff.go.jp/j/finding/mind/attach/pdf/index-10.pdf, 2020年3月28日最終アクセス.

農林水産業・地域の活力創造本部(2013)「農林水産業・地域の活力創造プラン」https://www.maff.go.jp/j/kanbo/katsuryoku_plan/attach/pdf/index-8.pdf, 2020年3月29日最終アクセス.

福永真弓(2019)「サステナビリティと正義:日常の地平からの素描からの理論化にむけて」『サステナビリティ研究』第9号, pp.133-149.

渡辺めぐみ(2009)『生きがいの戦略 農業労働とジェンダー』有信堂.

SDGs推進本部(2016)「SDGs実施指針」https://www.kantei.go.jp/jp/singi/sdgs/dai2/siryou1.pdf, 2020年3月25日最終アクセス.

SDGs推進本部(2019a)「SDGs実施指針 改定版」https://www.kantei.go.jp/jp/singi/sdgs/pdf/jisshi_shishin_r011220.pdf, 2020年3月25日最終アクセス.

SDGs推進本部(2019b)『SDGsアクションプラン2020』https://www.mofa.go.jp/mofaj/gaiko/oda/sdgs/pdf/actionplan2020.pdf, 2020年3月28日最終アクセス.

第Ⅱ部
＜過去の記憶＞
長崎歴史文化研究と世界遺産

「潜伏キリシタン関連遺産」
―世界遺産登録の影響と課題―

才津 祐美子

1. 暫定リスト記載までの経緯

　2018年7月に「長崎と天草地方の潜伏キリシタン関連遺産」（以下、「潜伏キリシタン関連遺産」）が国連教育科学文化機関（UNESCO）の世界遺産一覧表に登録された。同遺産が暫定リストに記載されたのは2007年なので、登録までに11年かかったことになる。しかし、そもそものはじまりは、2000年から見られた「長崎の教会群」を世界遺産に登録しようとする動きだった。

　カトリックの長崎大司教区には133もの教会（集会所を含む）がある（カトリック中央協議会司教協議会事務部広報課, 2019）。これは全国で16ある教区の中で最も多い。信者数は60,933人で、長崎県の人口の4.419%にあたる。日本の総人口に対するカトリック信者の割合が0.345%であることを考えると、いかにその割合が高いかがわかる（カトリック中央協議会司教協議会事務部広報課, 2019）。それは長崎におけるキリシタンの伝来・普及・潜伏・復活の歴史と密接な関係がある（才津, 2018a）。「長崎の教会群」の世界遺産登録運動を先導した柿森和年は、長崎県内に点在する教会群を「ザビエルの布教から始まる発展の時代、迫害・殉教の潜伏時代、キリシタンの復活とカクレキリシタンの存在した時代の歴史を背負っている象徴的な建造物である」（柿森, 2000: 202-203）と表している。

　世界遺産登録運動のキックオフ的なものとなったのは、当時長崎市教育委員会文化財課の職員だった柿森が招致して2000年8月19日、20日に五島列島の奈

留島で行われた建築修復学会・五島（奈留）大会だった[1]。本大会では、教会群の学術的価値や今後の活用方法に関するシンポジウムが行われた。また、時を同じくして『三沢博昭写真集 大いなる遺産 長崎の教会』（2000）が出版され、その写真展が好評だったことも世界遺産登録運動を後押しした。

翌2001年9月15日には「長崎の教会群を世界遺産にする会」が発足した。世界遺産登録運動には多くの人々が関わっていたが、特に重要な役割を果たしたのが同会だった。同会を立ち上げ、事務局長を務めたのは柿森である。同会は、フォーラムやシンポジウム、講演会の他、写真展や教会におけるコンサート、教会巡りツアーの企画なども行った（松井, 2013）。その活動は、教会群の学術的・審美的価値を広く伝えるとともに、教会群が世界遺産候補になり得るのだという意識を関係者にも一般の人々の間にも醸成しようとした。その活動が大きく前進したのが、2007年の暫定リストへの記載だった。

文化庁は、暫定リスト追加記載候補の選出方法として、2006年に公募という新たな手法を取り入れた。従来のように専門家が一から候補資産を検討するのではなく、地方公共団体から候補資産の提案を募り、それを文化審議会文化財分科会世界文化遺産特別委員会が調査・審議して、暫定リストに追加記載することになったのである。このような手法が導入された背景には、「世界遺産条約履行のための作業指針」の2005年改定があった。この改定で「締約国は、遺産管理者、地方自治体、地域のコミュニティ、NGO、その他の利害関係者、協力者を含む幅広い関係者の賛同を得て、暫定リストの作成を行うことが推奨される」（第64節）という指針が示されたのである。結果的に24件の提案書が文化庁に提出され、そのうち4件が2007年に暫定リストに追加記載されることになった。それが「富岡製糸場と絹産業遺産群」「富士山」「飛鳥・藤原の宮都とその関連資産群」「長崎の教会群とキリスト教関連遺産」（以下、「長崎の教会群」）だった。

2. 暫定リスト掲載後の構成資産の変化

暫定リストに記載されても、その内容のままUNESCOに推薦されるわけではな

い。ここから構成資産の見直しや国内法規による保護制度の拡充（国レベルの文化財への指定・選定）、価値づけの再検討などが行われ、準備の整ったものからUNESCOに推薦書が提出されるのである。本節では、そのブラッシュアップの過程を見ておきたい。

　長崎県が暫定リスト追加記載候補の書類として文化庁に提出した提案書の段階では、「長崎の教会群」に含まれる構成資産の数は20件だった（図表1）。19世紀後半から20世紀初頭にかけて建立された教会が半数以上を占め、2件のキリスト教関連施設を含めて、幕末以降の建造物が構成資産の中心だったことがわかる。また提案書では、「長崎の教会群」の価値として、歴史性・精神性の象徴、優れた文化的景観（自然地形・生業・精神性を含みこんだもの）、教会群の建築学的特性、をあげていた。

図表1　「長崎の教会群とキリスト教関連遺産」構成資産一覧（2006年）

No.	資産の名称	所在地	保護主体	保護の種別
1	大浦天主堂	長崎県長崎市	国	国宝（1953年指定）
2	旧羅典神学校	長崎県長崎市	国	重要文化財（建造物）（1972年指定）
3	黒島天主堂	長崎県佐世保市	国	重要文化財（建造物）（1998年指定）
4	旧五輪教会	長崎県五島市	国	重要文化財（建造物）（1999年指定）
5	青砂ヶ浦天主堂	長崎県新上五島町	国	重要文化財（建造物）（2001年指定）
6	頭ヶ島天主堂	長崎県新上五島町	国	重要文化財（建造物）（2001年指定）
7	田平天主堂	長崎県平戸市	国	重要文化財（建造物）（2003年指定）
8	旧出津救助院	長崎県長崎市	国	重要文化財（建造物）（2003年指定）
9	出津教会	長崎県長崎市	県	有形文化財（建造物）（1972年指定）
10	大野教会	長崎県長崎市	県	有形文化財（建造物）（1972年指定）
11	堂崎教会	長崎県五島市	県	有形文化財（建造物）（1974年指定）
12	旧野首教会	長崎県小値賀町	県	有形文化財（建造物）（1989年指定）
13	江上教会	長崎県五島市	県	有形文化財（建造物）（2002年指定）
14	宝亀教会	長崎県平戸市	県	有形文化財（建造物）（2003年指定）
15	原城跡	長崎県南島原市	国	史跡（1938年指定）
16	吉利支丹墓碑	長崎県南島原市	国	史跡（1959年指定）
17	日野江城跡	長崎県南島原市	国	史跡（1982年指定）
18	日本二十六聖人殉教地	長崎県長崎市	県	史跡（1956年指定）
19	ド・ロ神父遺跡	長崎県長崎市	県	史跡（1967年指定）
20	サント・ドミンゴ教会跡	長崎県長崎市		未指定

（出所）長崎県ほか（2006）より筆者作成

　暫定リスト記載後の文化審議会文化財分科会世界文化遺産特別委員会配付資料「世界遺産暫定一覧表資産の準備状況報告書」を追っていくと、「長崎の

教会群」は、一旦構成資産候補を大幅に増やしていることがわかる。一番多くあげられていたのが2009年1月26日第15回文化審議会文化財分科会世界文化遺産特別委員会・資料5「世界遺産暫定一覧表資産の準備状況報告書」で、長崎県内35件、長崎県外8件の資産が構成資産候補とされていた。提案書からかなり増やした理由は、文化遺産の完全性を確認・担保するためだと思われる。世界文化遺産には、資産の真正性と完全性が求められる。したがって、関連する可能性がある資産を全部検討した上で代表的なものを選んだことを示すのが重要なのである。実際、「長崎の教会群」はそこから候補を絞っていき、2015年にUNESCOに推薦書が提出された際には、14件になっていた。

　図表2が2015年にUNESCOに提出された推薦書における構成資産の一覧表である。図表1と比較し、暫定リスト記載後から推薦書の作成までに行われた変更を詳しく見てみよう。まず、構成資産はすべて国指定および国選定の文化財でそろえられている。県指定だった教会の多くが国指定となり、国指定になれなかったものは構成資産からはずされた他、国指定の教会の中でも取捨選択が行われたことがわかる。また、図表1の段階ではなかった重要文化的景観が7件も含まれていることが大きな変化としてあげられる。文化的景観に対する保護制度は、世界遺産条約の影響もあり、2004年に文化財保護法において創設されたものである。これを長崎県は積極的に活用した。教会を含む地域を重要文化的景観として選定し、広範囲に保護の網をかけたのである。そうすることで、単体では国指定の文化財にはなれないものを構成資産とすることに成功した。

　そして、提案書（図表1）段階では含まれていなかった、潜伏キリシタン時代を示すものも構成資産として加えられた。それが「平戸島の聖地と集落」である。とりわけ中江ノ島は、潜伏キリシタン時代から続く生月島のかくれキリシタンの重要な聖地である。これは「キリスト教が入ってきた時代」（「日野江城跡」「原城跡」）と「禁教期が終わった時代」（教会と関連施設）をつなぐ「潜伏した時代」に関する構成資産として必要不可欠だったと思われる。なお、「潜伏キリシタン」と「かくれキリシタン」の違いについては、後述する。

図表2 「長崎の教会群とキリスト教関連遺産」構成資産一覧（2015年）

分類	No.	資産の名称	所在地	文化財（指定・選定）の名称	保護の主体	保護の種別	保護の対象
城跡	A-1	日野江城跡	長崎県南島原市	日野江城跡	国	史跡（1982年指定）	遺構・遺物
	A-2	原城跡	長崎県南島原市	原城跡	国	史跡（1938年指定）	遺構・遺物
集落	B-1	平戸島の聖地と集落（春日集落と安満岳）	長崎県平戸市	平戸島の文化的景観	国	重要文化的景観（2010年選定）	景観を構成する要素
	B-2	平戸島の聖地と集落（中江ノ島）	長崎県平戸市		国	重要文化的景観（2010年選定）	景観を構成する要素
	B-3	天草の﨑津集落	熊本県天草市	天草市﨑津・今富の文化的景観	国	重要文化的景観（2011年選定）	景観を構成する要素
	B-4	野崎島の野首・舟森集落跡	長崎県小値賀町	小値賀諸島の文化的景観	国	重要文化的景観（2011年選定）	景観を構成する要素
教会建築	C-1	大浦天主堂と関連施設	長崎県長崎市	大浦天主堂	国	国宝（1953年指定）	大浦天主堂
			長崎県長崎市	旧羅典神学校	国	重要文化財（1972年指定）	旧羅典神学校
			長崎県長崎市	大浦天主堂境内	国	史跡（2012年指定）	遺構・遺物（範囲に含まれる建築物および工作物を含む）
	C-2	旧五輪教会堂	長崎県五島市	旧五輪教会堂	国	重要文化財（1999年指定）	旧五輪教会堂
			長崎県五島市	五島市久賀島の文化的景観	国	重要文化的景観（2011年選定）	景観を構成する要素
	C-3	出津教会堂と関連施設	長崎県長崎市	出津教会堂	国	重要文化財（2011年指定）	出津教会堂
			長崎県長崎市	旧出津救助院	国	重要文化財（2003年指定）	旧出津救助院
			長崎県長崎市	長崎市外海の石積集落景観	国	重要文化的景観（2012年選定）	景観を構成する要素
	C-4	大野教会堂	長崎県長崎市	大野教会堂	国	重要文化財（2008年指定）	大野教会堂
	C-5	黒島天主堂	長崎県佐世保市	黒島天主堂	国	重要文化財（1998年指定）	黒島天主堂
				佐世保市黒島の文化的景観	国	重要文化的景観（2011年選定）	景観を構成する要素
	C-6	田平天主堂	長崎県平戸市	田平天主堂	国	重要文化財（2003年指定）	田平天主堂
	C-7	江上天主堂	長崎県五島市	江上天主堂	国	重要文化財（2008年指定）	江上天主堂
	C-8	頭ヶ島天主堂	長崎県新上五島町	頭ヶ島天主堂	国	重要文化財（2001年指定）	頭ヶ島天主堂
			長崎県新上五島町	新上五島町崎浦の五島石集落景観	国	重要文化的景観（2012年選定）	景観を構成する要素

（出所）文化庁文化財部記念物課世界文化遺産室(2015)より筆者作成

　以上のようにして、とにかく多くの教会を世界遺産にすることを主たる目的とした提案書から、日本におけるキリスト教の伝播と浸透のプロセスを描くストーリーを有

した推薦書へと整えられ、それが2015年1月にUNESCOに提出されたのである。

3.「長崎の教会群」から「潜伏キリシタン関連遺産」へ

　推薦書が提出されてから世界文化遺産に登録されるまでの流れは以下の通りである。まず、各締約国から文化遺産候補の推薦書が提出されたら、国際記念物遺跡会議（ICOMOS）が現地調査を含む審査をして、評価報告書を作成するとともに、勧告（登録・情報照会・登録延期・不登録のいずれか）を行う。そしてこのICOMOSの評価報告書と勧告を参照しながら、世界遺産委員会が登録の可否を決定する。今までICOMOSの評価・勧告が世界遺産委員会で覆ったことは何度もあるが、ICOMOSの勧告で「登録」以外になった場合、基本的に登録はかなり難しくなる。

　2015年1月にUNESCOに推薦書が提出された「長崎の教会群」は、同年9月末から10月にかけてICOMOSの専門家による現地調査を受けた。この調査結果をふまえてICOMOSが勧告を行うのは翌年の5月だが、2015年に中間報告制度が導入されたため、2016年1月に中間報告がもたらされた。しかしてその内容は、「長崎の教会群」に推薦取り下げを提案するものだった（ICOMOS, 2016）。以下、その理由について見ていきたい。

　まず指摘されたのは、「長崎の教会群」には潜在的に顕著な普遍的価値（OUV）があると考えられるが、現段階ではそれを明確に証明するには至っていないということだった。そして、それを明確に証明する方法として、禁教期の歴史的文脈に焦点を絞った形で推薦内容を見直すべきだと書かれている。なぜなら、日本におけるキリスト教コミュニティの特殊性は、2世紀以上もの間、禁教と迫害のもとで忍耐を続けたことにあるからである。

　中間報告では、他にも「個別の構成資産がそれぞれ全体としての価値に寄与していることの根拠が不明確（特に第3位相を表す「教会建築」の部分）」「3つの歴史的位相間の連携が不明確」「潜伏期の物理的な証明の必要性」「コミュニティ参加による資産の管理システム、危機管理、将来的な来訪者管理に関する課題」等が指摘された（ICOMOS, 2016）。

ICOMOSからこのような指摘を受けた長崎県(日本)には、選択肢が2つあった。ひとつは、このような厳しい指摘・評価を受けても、世界遺産委員会で覆る可能性もあるので、そのまま世界遺産委員会を待つというもの。もうひとつは、推薦を一旦取り下げ、再推薦するというものである。長崎県が選んだのは、後者だった。後者を選択した理由は、取り下げて微調整した後すぐに文化庁に書類を提出し、再推薦してもらえれば、最短2年で登録されるが、世界遺産委員会まで待って登録されなかった場合、最短でも3年かかるからである。つまり、とにかく早く世界遺産に登録される方に賭けたのである。

　推薦取り下げが閣議決定されたのは2016年2月9日だったが、最短である2018年の登録を目指すために、長崎県は同年3月末に文化庁に新たな推薦書を提出した。その結果、同年7月の文化審議会において推薦候補となり、翌2017年1月に再びUNESCOに推薦書が提出された。

　新たな推薦書は、長崎県がICOMOSとアドバイザリー契約を結び、専門家のアドヴァイスを受けながら作成したものだった。その主な変更点は次のようなものである。

　まず、世界遺産としての価値づけを「日本におけるキリスト教受容の過程」や「東西文化交流」から「(禁教期に育んだ)独特の文化的伝統」に変えた。資産の名称も変更され、長年親しんだ「長崎の教会群とキリスト教関連遺産」から「長崎と天草地方の潜伏キリシタン関連遺産」になった。

　構成資産としては、明治以降に建てられた教会建築7件すべてを信徒が潜伏・移住して信仰をつないだ「集落」として捉え直した(図表3)。ここで活きてきたのが、7カ所も重要文化的景観に選定していたことだった。また、信仰継承を物語る墓碑や遺跡など禁教期の物証を入れ込むため、教会建築を中心に、8資産で保護の対象となるプロパティやバッファゾーンの範囲を拡大した。「禁教期に信仰を守り続けた人々の集落と物証を重視した」と推薦取り下げを機に長崎県世界遺産学術委員会委員長に就任した服部英雄(日本中世史)は述べている(松尾, 2016)。

図表3 「長崎と天草地方の潜伏キリシタン関連遺産」構成資産一覧(2017年)

番号	構成資産の名称	所在地	文化財（指定・選定）の名称	保護の主体	保護の種別	保護の対象
001	原城跡	長崎県南島原市	原城跡	国	史跡（1938年指定）	原城跡の遺構・遺物
002 003	平戸島の聖地と集落（春日集落と安満岳）	長崎県平戸市	平戸島の文化的景観	国	重要文化的景観（2010年選定）	集落の土地利用形態・納戸神を所有する住居・潜伏キリシタンの墓地・丸尾山（キリシタン墓地遺跡）・安満岳（白山比賣神社・参道・石造物・西禅寺跡）・中江ノ島
003	平戸島の聖地と集落（中江ノ島）	長崎県平戸市	平戸島の文化的景観	国	重要文化的景観（2010年選定）	
004	天草の﨑津集落	熊本県天草市	天草市﨑津・今富の文化的景観	国	重要文化的景観（2011年選定）	集落の土地利用形態・潜伏キリシタンの指導者屋敷跡・﨑津諏訪神社・吉田庄屋宅跡・初代﨑津教会堂跡
005	外海の出津集落	長崎県長崎市	長崎市外海の石積集落景観	国	重要文化的景観（2012年選定）	集落の土地利用形態・潜伏キリシタンが聖画像を継承した屋敷跡・潜伏キリシタンの墓地・小濱浦・「仮の聖堂」跡
		長崎県長崎市	出津教会堂	国	重要文化財（2011年指定）	出津教会堂
		長崎県長崎市	旧出津救助院	国	重要文化財（2003年指定）	出津代官所跡及び庄屋屋敷跡
006	外海の大野集落	長崎県長崎市	長崎市外海の石積集落景観	国	重要文化的景観（2018年追加選定）	集落の土地利用形態・大野神社・門神社・辻神社・潜伏キリシタンの墓地
		長崎県長崎市	大野教会堂	国	重要文化財（2008年指定）	大野教会堂
007	黒島の集落	長崎県佐世保市	佐世保市黒島の文化的景観	国	重要文化的景観（2011年選定）	集落の土地利用形態・興禅寺・本村役所跡・潜伏キリシタンの指導者屋敷跡（「仮の聖堂」跡）・潜伏キリシタンの墓地・初代黒島教会堂跡
008	野崎島の集落跡	長崎県小値賀町	小値賀諸島の文化的景観	国	重要文化的景観（2011年選定）	集落の土地利用形態・沖ノ神嶋神社・神官屋敷跡・潜伏キリシタンの指導者屋敷跡・初代野首教会堂跡・瀬戸脇教会堂跡
009	頭ヶ島の集落跡	長崎県新上五島町	新上五島町崎浦の五島石集落景観	国	重要文化的景観（2012年選定）	集落の土地利用形態・頭ヶ島白浜遺跡（墓地遺跡）・前田儀太夫の墓
		長崎県新上五島町	頭ヶ島天主堂	国	重要文化財（2001年指定）	潜伏キリシタンの指導者屋敷跡（「仮の聖堂」跡）・初代頭ヶ島教会堂跡
010	久賀島の集落	長崎県五島市	五島市久賀島の文化的景観	国	重要文化的景観（2011年選定）	集落の土地利用形態・潜伏キリシタンの墓地・仏教徒と潜伏キリシタンとが協働した作業場・牢屋の窄殉教地・浜脇教会堂跡・永里教会堂跡・細石流教会堂跡・赤仁田教会堂跡
		長崎県五島市	旧五輪教会堂	国	重要文化財（1999年指定）	旧五輪教会堂
011	奈留島の江上集落（江上天主堂とその周辺）	長崎県五島市	江上天主堂	国	重要文化財（2008年指定）	江上天主堂・初代江上教会堂跡
012	大浦天主堂	長崎県長崎市	大浦天主堂境内	国	史跡（2012年指定）	遺構・遺物（地上建物及び工作物を含む）
		長崎県長崎市	大浦天主堂	国	国宝（1953年指定）	大浦天主堂
		長崎県長崎市	旧羅典神学校	国	重要文化財（1972年指定）	旧羅典神学校
		長崎県長崎市	南山手伝統的建造物群保存地区	国	重要伝統的建造物群保存地区（2001年選定）	大浦天主堂・旧羅典神学校・旧長崎大司教館・旧伝道師学校

(出所)文化庁文化財部記念物課世界文化遺産室(2017)より筆者作成

両推薦書の違いをより具体的に確認するために、図表2の「出津教会堂と関連施設」と図表3の「外海の出津集落」を比較してみよう。2015年の推薦書（図表2）では、出津教会堂（1882年建設）と旧出津救助院（1883年建設）がメインの構成資産だった。重要文化的景観も含まれてはいるが、保護の対象としては、「景観を構成する要素」としか書かれていない。それが図表3では、「集落の土地利用形態・潜伏キリシタンが聖画像を継承した屋敷跡・潜伏キリシタンの墓地・小濱浦・『仮の聖堂』跡」が重要文化的景観の範疇に含まれる保護の対象として明記され、旧出津救助院でさえ、保護の対象は旧出津救助院そのものではなく、敷地内の「出津代官所跡及び庄屋屋敷跡」とされている。

　こうして構成資産自体はほぼ変えないまま、価値づけとストーリー、保護の対象を変更して推薦書を書き直した結果、2018年6月24日から7月4日にバーレーンの首都マナマで開催された第42回世界遺産委員会において高い評価を受け、「潜伏キリシタン関連遺産」の世界遺産登録が決定した。

4.世界遺産登録の意義と問題点

　本遺産登録の意義は、なんといっても日本の世界遺産初のキリスト教関連遺産だということにある（才津, 2018c）。先述したように、本遺産の主たる担い手であるカトリック信者が今日の日本の総人口に占める割合は0.345％であることを考えると、その関連遺産が日本の世界遺産に加わったことは、日本における文化の多様性を示す上でも重要な意味を持つだろう。

　本遺産には、他にもこれまで登録されてきた日本の世界遺産とは大きく違うところがある。それは「物証」（不動産）よりも「独特の文化的伝統の在り方」といういわば無形の文化遺産に「顕著な普遍的価値」が見いだされていることである。もちろん、これまで登録されたどの遺産も無形の価値を含んでいた。しかし、本遺産はそのウエートがかなり大きい。それを可能にしたのは、文化財保護法における文化的景観保護制度の大胆な流用である。重要文化的景観に選定された範囲を「集落」と捉え、集落内にある未指定の史跡や有形文化財（動産を含む）までも構成資

産の価値づけに利用したからこそできたことだった。潜伏キリシタンの物証の少なさからきた苦肉の策ではあるが、物証優先ながら文化的多様性の体現を模索している世界遺産全体にとっても何らかの示唆を与える事例になるかもしれない。

一方で本遺産には問題点や課題も多い。具体的には、①「潜伏キリシタン関連遺産」という名称の文化遺産であれば入っていてしかるべきものが構成資産として含まれていないこと、②ストーリーに無理が生じていること、③かくれキリシタンの位置づけ、④管理運営、の4点があげられる。以下、順に説明していきたい。

まず①だが、世界遺産登録後、「なぜ○○は構成資産に入っていないのか」という声をよく耳にする。○○に入るのは、「日本二十六聖人殉教地」「浦上」「枯松神社」が多い。「日本二十六聖人殉教地」は、周知のとおり、豊臣秀吉の命により1597年に宣教師や信徒26名が磔にされたとされる場所である。「浦上」は禁教期に多くのキリシタンが潜伏した場所であり、最後の大弾圧である「浦上四番崩れ」が起きた場所でもある。また同地には現在も多くのカトリック信者が暮らしている。「枯松神社」とは、やはり潜伏キリシタンが多かった外海地域の下黒崎町にある祠とそれが建てられている小高い場所を指す。ここが「神社」になったのは大正時代のことで、もともとは外国人宣教師と推測されているサンジュアンが潜伏し、亡くなって埋められたとされる場所である。潜伏キリシタンたちは同地を「枯松様」「サンジュアン様」「オタケ」などと呼び、祈りを捧げてきた。祠近くの大きな岩陰でオラショ（祈祷文）を口伝えで伝承したともいわれている。つまり、ここは潜伏キリシタンから現在のかくれキリシタンまで続く外海地域のキリシタンの聖地なのである（田北, 1978; 正木, 2003; 才津, 2018b）。

これらは長崎におけるキリシタンの歴史を語る上で非常に重要な場所である。しかしながら、いずれも現状では構成資産にはなり得ないものだといえる。なぜなら、それらは国指定の文化財にはなれないからである。

「日本二十六聖人殉教地」は長崎県指定の史跡であり、「枯松神社」は長崎市指定の史跡である。両者は「伝承地」ではあるが、厳密にいえば考古学的裏付けのある史跡ではないため、国指定の史跡になることはないだろう。「浦上」は原

爆によって崖下の小川に滑落した旧浦上天主堂の鐘楼が長崎原爆遺跡の一部として国指定の史跡になっているが、1959年に再建された浦上天主堂やその周辺には指定された文化財はない。また日本の文化財保護法上の文化的景観の定義は「地域における人々の生活又は生業及び当該地域の風土により形成された景観地で我が国民の生活又は生業の理解のため欠くことのできないもの」（文化財保護法第二条第1項第五号）となっているため、「浦上」が重要文化的景観に選定される可能性は極めて低い。

　つまり、これらが構成資産に入っていないことは長崎の人々にとってかなり違和感があるのだが、制度上難しいのである。これはつまり、世界遺産制度の─あるいは、日本の運用上の─限界だともいえる。

　2つ目の問題は、点在する構成資産をつなぐストーリーに一貫性を持たせるために、無理が生じていることである。またこれは教会を中心に選んでいた構成資産の見直しを行わなかったことの弊害だともいえる。

　図表3の007〜011の島嶼部に点在する集落は、いずれも005や006が含まれる外海地域から潜伏キリシタンが移住した場所である。18世紀末〜19世紀初頭に藩主導で行われた政策を契機に、五島列島（五島藩と平戸藩）や黒島（平戸藩）に大村藩の領民が多数移住した。五島列島の場合、1797年に外海地域から船出した108人が福江島の六方の浜に到着したのを皮切りに、最終的には3,000人あまりも移住したといわれており、そのほとんどが潜伏キリシタンだったと考えられている。移住者たちは五島列島の島々に散らばって開拓・生活しつつ信仰を続けた。また黒島では、19世紀初頭に平戸藩が田畑の開墾のために島外からの入植を許可した際、外海地域や生月島から潜伏キリシタンが移住した。この他私的に移住した潜伏キリシタンもいた。多くの人びとが移住を選んだ理由として、大村藩が取っていた人口抑制政策＝間引きにキリシタンであるがゆえに耐えられなかったことがあげられてもいる[2]が、主たる理由はやはり経済的な困窮であったろうといわれている（岩崎, 2013）。しかし、文化庁および長崎県のホームページや推薦書では、「信仰組織を維持するために移住を行った」（文化庁, online:1407709.html）「移住による信仰

組織の戦略的維持」（文化庁文化財部記念物課世界文化遺産室, 2017）と述べられており、007〜010の4つの構成資産は、移住先選択のバリエーションを示すものだと説明されている。例えば、010:久賀島の集落は「五島藩が積極的に久賀島に開拓移民を受け入れていることを知り、既存の集落と共存できそうな場所として選んで移住し、漁業や農業で彼らと互助関係を築きながら、ひそかに共同体を維持した」（長崎県世界遺産課, online:com010）と表現されている。

　つまり、移住者が非常に主体的かつ戦略的に信仰を維持できそうな場所を選んで移住し、既存の集落ともうまく共存していたと説明しているが、はたしてそうだったのだろうか。

　五島列島に移住するきっかけとなったのは、領内開発のために人手がほしかった五島藩と人口（分家）を抑制したかった大村藩との間で領民の移住協定が結ばれたことだった（岩崎, 2013）。先述したように、最初の移住者108人が到着したのは五島列島のなかで一番大きな福江島である。その後も移住は続いたわけだが、耕作に適した土地にはすでに先住の人々（地下）がいるため、移住者たちは耕作に不向きな所に入って行かざるを得ない。そうして残された土地を求めてどんどん移り住んでいった結果、複数の島に複数の手段で住み着くことになったというのが、おそらく歴史的な経緯から追える話だと思われる。また、移住者たちは「居付」と呼ばれて明確に区別されており、地下の人々から差別もされていたといわれている（浦川, 2019）。

　この他にも指摘されているのが、「潜伏キリシタン関連遺産」の「負の遺産」としての側面に関する記述の希薄さである（西出, 2018）。弾圧や殉教といった多くの人々が犠牲になった歴史にももっと正面から焦点を当てることで、各構成資産の重要性がより認識されるようになるのではないだろうか。

　3つ目の問題であるかくれキリシタンの位置づけについてだが、推薦書（2017）では以下のように書かれている。

　　このような小規模な教会堂は、「信徒発見」により新局面を迎えた潜伏キリシ

タン固有の信仰形態が変容・終焉したことを象徴的に表す存在である。

　一方、解禁後も宣教師の指導下に入ることを拒んだ集落では、引き続き指導者を中心として禁教期以来の信仰を継続した。彼らは「かくれキリシタン」と呼ばれる。長年の間に潜伏期の伝統は変容し、また「かくれキリシタン」自体も現在では希少な存在となっている。さらに、解禁後に神道・仏教に転宗した集落もあった。これらの集落は、潜伏キリシタンの固有の信仰形態が終焉したことを表す今ひとつの存在である。(文化庁文化財部記念物課世界文化遺産室, 2017: 211-212)

　ここでは、かくれキリシタンが継承している「伝統」は、解禁後から現在の間までに変容してしまっているため、「伝統は終焉した」といえると述べられている。つまり、かくれキリシタンたちが今日まで継承しているものは、禁教期の「伝統」とは全く別物ということになる。にもかかわらず、実際にはマスメディアだけでなく長崎県や長崎市なども、かくれキリシタンを禁教期の伝統を体現している存在として扱うというダブルスタンダードが見受けられる。これはやはり問題だろう。

　このような「潜伏キリシタン関連遺産」におけるかくれキリシタンの位置づけに対して、広野真嗣は、長崎県・生月島には「最後のかくれキリシタン」がいるのに「潜伏キリシタン関連遺産」はそれを消そうとしていると指摘している(広野, 2018)。広野は生月島のことだけを強調して書いているが、先程述べたように、外海地域や五島列島のかくれキリシタンもまた同様の扱いを受けているのである。どうしてこんなことが起きたのか。これもまた「長崎の教会群」の頃から固定された構成資産の枠内でわかりやすいストーリーを展開するために歪曲された話だといえる。

　最後の④管理運営の問題は、①〜③とは全く違う種類のものだが、構成資産の将来と直接の担い手にとっては非常に深刻なものである。

　UNESCOは近年、遺産の管理運営における地域コミュニティの関わりを重視している。本遺産でも地域住民による自主的な活動が期待されているが、人口減少が著しい地域が多く、地域住民にかなりの負担がかかることが予想される。また、信仰という要素が絡むため、単にそこに住んでいるだけでは主たる担い手とはなり

得ない人々もいることに注意が必要だろう。ただし、登録後の文化遺産にはしばしば公共性が求められるため、これからの管理運営・活用にはさまざまな主体の参入が考えられるし、必要なことでもあるだろう。一方で、観光開発においては地域外の事業者ばかりが携わるという事態が生じることも想像に難くない。どのような管理運営・活用の在り方が望ましいのか、すべてはこれからの課題である。

5. 今後の研究課題

　世界遺産という制度には限界がある。現行の制度では、どうしても長崎におけるキリシタンの歴史を漏れなく示すような文化遺産にはなり得ないのである。したがって、今足りないものをなんとか構成資産として追加登録することに躍起になるのではなく、世界遺産とはそういうものだと割り切り、世界遺産の範疇からは漏れてしまう歴史をきちんと描いて提示していくことに尽力していくべきだろう。それは換言すれば、世界遺産の相対化である。

　そしてその一方で、繰り返しになるが、現在「潜伏キリシタン関連遺産」の構成資産を有している地域にふさわしい形での世界遺産の活用方法を考えていく必要がある。世界遺産を相対化しろといいながらこのような発言をするのは矛盾しているように思われるかもしれない。しかし、少子高齢化と過疎化が急速に進んでいる地域の現状を見るにつけ、せっかく世界遺産になったのであれば、それはやはり地域に資するような活用の仕方を考えていかなければならないと思うのである。

　長崎大学と国際基督教大学(ICU)で立ち上げた共同研究は、多様な分野の研究者が集まっている。今後は上述のような「いくつもの歴史」の探求と提示、世界遺産の相対化、そしてコミュニティに資する管理・活用の検討というものを念頭に、研究を進めていきたいと考えている。

謝辞

　本研究はJSPS科研費16K03225の助成を受けたものである。ここに記して謝意を表したい。

注

1 「長崎の教会群」暫定リスト記載の経緯については、(才津, 2013)および(才津, 2017)も参照されたい。

2 岩崎によれば、大村藩が行ったのは分家抑制策であり、産児制限を徹底したという事実は文献上検証できないという(岩崎, 2013)。

参考文献

ICOMOS(2016)"World Heritage List 2016 Churches and Christian Sites in Nagasaki (Japan)—Interim Report".

岩崎義則(2013)「五島灘・角力灘海域を舞台とした18〜19世紀における潜伏キリシタンの移住について」『史淵』第150輯, pp. 27-67.

浦川和三郎(2019)『五島キリシタン史』国書刊行会.

柿森和年(2000)「カクレキリシタンと教会」三沢博昭・川上秀人『三沢博昭写真集 大いなる遺産 長崎の教会 改訂版』智書房, pp. 200-206.

カトリック中央協議会司教協議会事務部広報課編(2019)『カトリック教会現勢 2018年1月1日〜12月31日』カトリック中央協議会.

才津祐美子(2013)「日本における文化的景観保護制度の展開と課題」岩本通弥編『世界遺産時代の民俗学』風響社, pp. 277-302.

才津祐美子(2017)「『長崎の教会群』世界遺産推薦取り下げから見えてくるもの」葉柳和則編『長崎—記憶の風景とその表象』晃洋書房, pp. 291-319.

才津祐美子(2018a)「キリスト教の受容と展開−世界遺産への道のりをたどる」長崎大学多文化社会学部編・木村直樹責任編集『大学的長崎ガイド−こだわりの歩き方』昭和堂, pp. 133-149.

才津祐美子(2018b)「コラム 枯松神社−潜伏キリシタンから続くかくれキリシタンの聖地」長崎大学多文化社会学部編・木村直樹責任編集『大学的長崎ガイド−こだわりの歩き方』昭和堂, pp. 150-152.

才津祐美子(2018c)「『長崎と天草地方の潜伏キリシタン関連遺産』世界遺産登録の意義と課題」『長崎新聞』7月7日付ほか.

田北耕也(1978)『昭和時代の潜伏キリシタン』国書刊行会.

長崎県, 長崎市, 佐世保市, 平戸市, 五島市, 南島原市, 小値賀町, 新上五島町(2006)『世界遺産暫定一覧表追加資産に係る提案書 資産名称:「長崎の教会群とキリスト教関連遺産」』.

長崎県世界遺産課(2018)「世界文化遺産 長崎と天草地方の潜伏キリシタン関連遺産 構成遺産から知る ⑩久賀島の集落」kirishitan.jp/components/com010, 2020年3月31日最終アクセス.

西出勇志(2018)「負の歴史に目を凝らそう」『長崎新聞』7月7日付.

広野真嗣(2018)『消された信仰』小学館.

文化審議会文化財分科会世界文化遺産特別委員会(2009)第15回委員会(1月26日開催)資料5「世界遺産暫定一覧表記載資産準備状況報告書」.

文化庁(2018)「長崎と天草地方の潜伏キリシタン関連遺産(平成30年度記載)」http://www.bunka.go.jp/seisaku/bunkazai/shokai/sekai_isan/ichiran/1407709.html, 2019年12月3日

最終アクセス.

文化庁文化財部記念物課世界文化遺産室(2015)『長崎の教会群とキリスト教関連遺産　世界遺産登録推薦書』.

文化庁文化財部記念物課世界文化遺産室(2017)『長崎と天草地方の潜伏キリシタン関連遺産　世界遺産登録推薦書』.

正木慶文(2003)『長崎隠れキリシタン記』新潮社.

松井圭介(2013)『観光戦略としての宗教－長崎の教会群と場所の商品化』筑波大学出版会.

松尾潤(2016)「教会群14資産維持　県学術委新推薦書案を了承」『長崎新聞』3月25日付.

キリシタンを語る言葉の変遷と競合
―世界遺産登録と学術研究―

高崎　恵

> かくれ宗のことは自然に覚えんと覚えきらん。体で覚えたり、やっている間に上手になっていくこともあるし。オラショは紙に書いて覚えたけれども、お膳や御神酒の上げ下げは、始めは戸惑っていたのがさっとできるようになると。そうすると、なんか充実してきたね。(中略)親が守っていた宗教だもの。守って悪いわけがない。

　「長崎と天草地方の潜伏キリシタン関連遺産」(以下「潜伏キリシタン関連遺産」)は、世界遺産登録にあたり、国際記念物遺跡会議(ICOMOS)の勧告を受け、禁教期における潜伏キリシタンの信仰生活に焦点を当てた布教→弾圧→潜伏→復活(終焉)というストーリーを再構築した(松井, 2018)。近世初期に日本に布教されたカトリックの信仰は、キリシタンと呼ばれて日本に根づき、弾圧と禁教の時代も潜伏して受け継がれ(潜伏キリシタン)、信仰の自由を獲得した近代初期にカトリック教会に復活して世界のキリスト教会に再びつながり、日本独自のキリシタンの宗教は終焉を迎えたという単純明快なストーリーである。キリシタンという日本独特の文化伝統を、グローバルに広がるキリスト教の歴史の中のひとつのエピソードとして万人にわかりやすく提示している。しかしそれは同時に、この単線的なストーリーにそぐわない歴史的社会的な多くの現実を捨象してもいる。潜伏キリシタンと潜伏後の教会への復活(潜伏キリシタンの終焉)を焦点化することで排除された現実に、キリスト教解禁後

90

もキリスト教会に復帰せず、禁教期の信仰形態を踏襲しつづけた「かくれキリシタン」の存在がある。

　冒頭の引用は、1993年に解散したかくれキリシタン組織の役職者が、解散後に口にした言葉である。キリスト教関連文化財の世界遺産登録に向う気運もまだ見られないこの時期、かくれキリシタンの組織は後継者難による解散が続いていた。それから4半世紀が経って世界遺産登録も果たした現在、彼が語ったこの想いを研究者としてどのように位置づけるべきか。本章では、かくれキリシタン理解を試みる2人の研究者に注目し、研究者が社会の現実とかかわるスタンスを検討したい。

1.かくれキリシタンの現実と外部のまなざし

　冒頭で紹介したかくれキリシタンの集落は、江戸時代後期に五島に移住した潜伏キリシタンの流れを汲む人々が住む、一島一村の小さな共同体だった。ごく少数の例外を除き、島民はほぼ全員がかくれキリシタンの洗礼を受け、かくれキリシタンの典礼暦にのっとった年中行事に参加し、葬儀では神葬祭と並行して別室でかくれキリシタン式の葬礼を実施するなど、かくれキリシタンの宗教は共同体の日常性の中に織り込まれていた。かくれキリシタンに関することがらを差配していたのは、御帳と呼ばれる典礼暦をつかさどる帳役1名、お水取りとも呼ばれる洗礼をつかさどる水方1名、帳役と水方の補佐を務めるしくろ（宿老）複数名の三役だった。三役以外の島民は、オラショや儀礼の宗教的部分に直接触れないまま、集落の一員として生きることによってかくれキリシタンでありつづけた。冒頭の役職者の言葉にあるように、宗教行為の焦点は儀礼や祖先との連続性に置かれ、教えの内容は強調されてはいなかった。

　解散当時、かくれキリシタンの伝承を妨げたひとつの要因は、かくれキリシタンという宗教伝統を価値づける言葉がなかったことにある。当時の後継世代は、ひとりを除いて全員が、進学や就職のために長く島を離れていたUターン組だった。宗教儀礼に必要不可欠な準備作業は女性の役割であり、後継世代でその役を担ったのは、Uターンした男性とともに来島した妻たちだった。かくれキリシタンの存在自体

を知らなかった遠隔地出身の妻たちは、慣れない土地で忙しく立ち働く中、純粋な好奇心に駆られたり、行事に駆り出されることに苛立ちを感じたりして、さまざまな疑問を投げかけた。信仰の自由が認められている今なぜ「かくれ」なのか、どうしてキリスト教に戻らないのか、かくれキリシタンとはどんな教えで、キリスト教とはどこがどう違うのか。こう問われた人々は、宗教に関する一般論であれば自分自身も口にしそうな疑問に答える言葉を伝承していなかった。

　当時の島の人口は、83名。全体の23%が70歳以上、60歳代まで含めれば全体の47%を高齢者が占め、Uターン世代の40代と50代は全体の26%、30代は6%、20代は皆無という、高齢社会だった。老親のために過疎と高齢化の進む小さな離島に移住してくれた息子や嫁への遠慮や、自分たちが受け継いできた伝統が奇異の目で見られるかもしれないという引け目、自分たちの伝統の価値も意味も伝えられないもどかしさ。そうした流れので、後継者は見つからず、この組織は解散し、神道に戻ることとなった[1]（高崎, 1999）。

図表1　おたいや（クリスマス）の儀式

（出所）筆者撮影

図表2　御帳

（出所）筆者撮影

2.研究者の介入

　社会を生きる当事者の抱える現実的な問題に研究者がかかわる方法を提唱した研究者に、フランスの社会学者、アラン・トゥレーヌ(Touraine, Alain)がいる。社会運動の社会学を標榜するトゥレーヌは、今そこで形を成しつつある社会の新たな行為者の新たな闘争を見出すことが、社会理解につながると主張した。トゥレーヌによれば、社会は、それぞれの時代の制約の中で自らを組織化するにあたり、なんらかの文化的志向性に依ってたつ。トゥレーヌの言う社会運動とは、自分の奉ずる文化的志向性で社会を統御しようと相争う行為で、集合的な意志の表現である。社会学者の役割とは、社会運動に対する危機感や懐疑や抵抗を乗り越えて新たな社会運動を現出させ、その運動が奉ずる文化的志向性を明示することである(Touraine, 1978: [邦訳]7-9, 40-41)。

　こうした役割を遂行するために提唱されたのが、社会学的介入という方法である。これは、社会学者が社会運動の当事者グループと関係を取り結び、当事者の社会的実践を生み出す能動的介入法で、3段階のディスカッションを通して当事者グループの自己分析を促していく。第1は当事者グループ内で運動の歴史や現状について意見を交換し、共通の物語や集合アイデンティティーを構築する段階、第2は当事者グループがその運動の中で実際にかかわりあう他のアクターと対話をし、新たな問題提起や交渉や妥協や紛争を惹きおこし、新たな問題提起と状況の再検討を図る段階、第3が、当事者グループと研究者のあいだのディスカッションの中で、当事者グループ自身の自己分析を深化させ、活動のポテンシャルを模索する段階である。当事者グループと関わる研究者は、決して冷ややかな観察者でも、煽動的なイデオローグでもない。当事者グループとそれを取り巻く社会の間をとりもつ能動的な媒介者である(Touraine, 1978: [邦訳] 237-262)。

　自らの伝統を継承できず、1980年代から90年代に解散していった数々のかくれキリシタンの集落からは大きな社会運動は起こらなかった。長崎のキリシタン／キリスト教の文化伝統を再評価し、自らの誇れる観光資源として再構築する機運が観光化と連動して高まっていくのは、2000年の五島(奈留)での建築修復学会開催

や、その翌年の「長崎の教会群を世界遺産にする会」発足の時期である。

　観光資源は、もともと自然に観光客を魅了してきたわけではない。観光客（ユーザー）のまなざしと、観光に値する表象を構築しようとする各種アクター（メーカー）の複雑な相互行為が積み重なる中で、観光に値するものとして、社会的に構築されるものである（山中, 2007）。潜伏キリシタン関連遺産も例外ではない。長崎において、キリシタンは数量的にも社会的位置づけの面でもマイノリティーであり、近世初期の布教と弾圧を除けば裏面史的な存在だった。これを世界に誇る文化遺産として、まずは「長崎の教会群とキリスト教関連遺産」、次に「長崎と天草地方の潜伏キリシタン関連遺産」と、新たな価値を与えたのが世界遺産登録運動だった（松井, 2013; 松井, 2018）。

　アクターは多岐にわたり、ローカル・ナショナル・リジョナル・グローバルとさまざまなレベルで展開している。例えば、地域住民や「長崎の教会群を世界遺産にする会」、国や地方公共団体、司教区、UNESCOやバチカン、アニメやゲームや映画や小説などキリシタンイメージを構築する各種メディアや観光産業・運輸産業・商業団体などがある。その中には、かくれキリシタンの本質や歴史に学術的見地から価値を付与する研究者・有識者も含まれている。次節で検討する2名の研究者は、対照的な観点からかくれキリシタンの宗教に価値づけを与え、観光化と世界遺産登録が進展する現実社会に生きるかくれキリシタンに、その存在意義と観光資源としてのポテンシャルを提供することで、社会との媒介者となっている。

3. かくれキリシタンとは誰か

　信仰の自由が保証された時代にもあえてキリスト教会に復帰せず、潜伏時代の信仰形態を踏襲するかくれキリシタンに関する研究は、昭和初期からの蓄積がある（松本, 1931; 田北, 1954; 古野, 1966; 片岡, 1966; 野村, 1988; 宮崎, 1996; 中園, 2018など）。本稿では、今を生きるかくれキリシタンの宗教伝統に価値づけを与え、その現実問題に「介入」した2人の研究者を取り上げたい。

　ひとりは、1996年に『カクレキリシタンの信仰世界』を上梓し、その後も一般向け

の書籍出版を含め、精力的にカクレキリシタン研究を続けている宮崎賢太郎。もう
ひとりは、平戸市生月町の博物館・島の館の学芸員で、1993年の着任以来のかく
れキリシタンの調査研究の蓄積を2018年に『かくれキリシタンの起源』として上梓し
た中園成生である。

　宮崎は、かくれキリシタンを、「重層信仰、祖先崇拝、現世利益、儀礼中心主義と
いった日本の民衆宗教に普遍的にみられる特色をすべて典型的な形で備えた、き
わめて日本的な民俗宗教のひとつに変容しているとみるべき」であり、その信仰は
「完全に日本的宗教観念と同化し、キリスト教的世界観からすでに遠いところにあ
る」、「もはや隠れてもいなければ、キリシタンでもない〝カクレキリシタン〟なのである」
として、「キリスト教的要素を払拭し、日本的に変容した」かくれキリシタン像を提示
した(宮崎, 1996: 241-242)。

　これに対して中園は、宮崎をはじめとする多くの研究者が共有していた視座を
禁教期変容論と位置づけた。禁教期変容論とは、宣教師を失った禁教下の信者
が「土俗的」な要素を取り入れて「本来の」キリシタンのあり方を変容させたとする
見方である。しかし、そこで想定されている「本来の」姿は、実は近現代的なカトリッ
ク信仰のあり方であり、それとの差異を「変容」と見る見方は当たらないというの
が、中園の批判である。近世初期を生きていたキリシタンの信仰のあり方の起点
は、同時代のヨーロッパの一般カトリック信者の信仰のあり方に求めるべきであると
中園は主張する。当時のカトリック信仰には土俗的・呪術的要素が認められ、教義
や正しい儀礼の執行は聖職者の専任事項で、一般信者が熟知することは求めら
れていなかった。宮崎が指摘した「日本の民衆宗教に普遍的に見られる特色」
は、キリシタン時代のヨーロッパのカトリック信者にも認められ、それをもって「キリスト
教的要素の払拭」とはいえないと、中園は述べている。かくれキリシタンの信仰の
位相において、近世初期のキリシタン民衆や同時代のヨーロッパの一般カトリック
信徒との連続性を認める立場である(中園, 2018: 43-48)。

　社会科学的研究は、事実認識と価値評価を厳格に区別する。したがって、ある
宗教の正統性を問う神学上の議論やある宗教形態に対する価値評価は抑制し、

事実と研究対象の意味世界の理解・記述に専念するのが常である。しかし、両者の研究は、そこから一歩踏み込み、それぞれの立場から、かくれキリシタンの現実社会における価値づけに寄与している。

　潜伏キリシタン関連遺産で語られる布教→弾圧→潜伏→復活(終焉)というキリシタンの物語に、近代以降もキリシタンであり続けるかくれキリシタンの姿はない。世界遺産からかくれキリシタンが「消された」ことに対する批判は少なくない(広野, 2018など)。かくれキリシタンはキリシタンではないという宮崎の持論は、潜伏キリシタン関連遺産から、かくれキリシタンの存在を捨象する際の理論的根拠として働いた。しかしその一方で、宮崎の議論を、キリシタンという名称や歴史に引きずられずに「現在の」かくれキリシタンの信仰のあり方や社会の理解するひとつの方法と見ることもできる(宮崎, 1996: 4)。1980年前後から約20年間、細々と残っていたかくれキリシタンの組織の解散が相次いだ。現代人がキリシタン／キリスト教に期待するイメージに応えられず、その存在意義を伝えることができない中、継承者を見つけられずに解散に至る組織は少なくなかった。かくれキリシタンの伝承内容は地域や組織によって大きな違いがある。オラショの朗誦や聖画や神話など、キリシタン的な要素を豊かに伝承している場合もあれば、聖物や聖地も少なく、オラショや儀礼の意味内容の伝承も乏しい場合もある。後者にとって、自らの宗教的な意識や行為のキリシタン／キリスト教性を提示することはきわめて難しい。キリシタンの系譜にある人々の信仰のあり方を、キリシタン／キリスト教との連続性ではなく、そこに生きる信仰のあり方自体で認める宮崎の見解は、後者のかくれキリシタンが自らの価値を語る可能性を開いている。

　潜伏キリシタン関連遺産の世界遺産登録活動最終期に上梓された中園の著書は、宮崎とは逆の形でキリシタンを位置づけている。人がある宗教に属しているか否かに関しては当事者の考えを尊重し、かくれキリシタンの信仰がキリスト教という名に値するか否かは神学的な議論が不可欠とした上で、中園は「かくれキリシタン信仰は、キリシタン時代のキリシタン信仰に基盤を持ち、禁教時代に各地域の信者の子孫が他の宗教・信仰を併存しながらその信仰形態を継承する信仰として

確立し、禁教解除後もカトリックに合流せず、従来の信仰形態を継続したものであり、再布教や禁教解除の前後で信仰の内容が変化した訳ではない」(中園, 2018: 52)と述べている。

前章才津論文で詳述されているように、ICOMOS(国際記念物遺跡会議)は、2016年2月の中間報告で、この遺産の独自性を禁教期の歴史とし、禁教期の遺産に焦点をおいて文化遺産を価値づけるよう勧告を出した。これにともない、登録遺産の名称は「長崎県の教会群とキリスト教関連遺産」から「長崎と天草地方の潜伏キリシタン関連遺産」に改められ、禁教期を焦点化してストーリーが描きなおされた。UNESCO世界遺産センターに推薦書を正式に提出した1年後の2018年1月、中園は著書のあとがきで、潜伏キリシタン関連遺産から姿を消すことになったかくれキリシタンの信仰や信者に対する理解の重要性を訴えた(中園, 2018: 447)。

キリシタン／キリスト教的要素が顕著にみられない事例も含めて、現在の個々の伝承形態の価値を認めてかくれキリシタンだと謳う宮崎に対し、中園は、近世初頭のキリシタンという歴史的存在との連続性に基づいたかくれキリシタンの理解と価値づけの道を開いている[2]。

4.文化的多様性と倫理的普遍性

一般社会の当然視する宗教観に対し、自らの伝統のあり方を主張する言葉を持たずにいたかくれキリシタンをめぐり、新たな文化的志向性を求める社会運動の様相が見えはじめたのは、2000年代初頭から始まる世界遺産登録活動である。

この活動は、UNESCOの世界遺産条約の提示する文化的志向性によりそう形で展開した。UNESCOは、その憲章第1条第2項Cで「世界の遺産である図書、芸術作品並びに歴史及び科学の記念物の保存及び保護を確保し、且つ、関係諸国民に対して必要な国際条約を勧告すること」と謳い、その設立当初から世界文化遺産構想を掲げている。UNESCOと国連が共同で組織した文化と開発に関する世界委員会(The World Commission on Culture and Development)が1996年に出版した*Our Creative Diversity*(人類の創造的多様性)と題する小冊子では、文

化や権利について、文化的多様性と倫理的普遍性の双方を取りこむ基本的立場を明らかにしている。文化的多様性をグローバルにみられる厳然たる事実とした上で、他者が自分たちと異なる文化を持つことを認め、他者のあり方を知ることによって、自分たちが当然視してきたものの見方や考え方を相対化する文化相対主義的観点から、多様性の尊重を謳う立場である。ただしその大前提には、UNESCOが目的と定める「正義、法の支配、人権および基本的自由に関する普遍的な尊重」(UNESCO憲章第1条)という普遍的価値があり、この倫理普遍主義が全人類に同等の権利を保障するという立場に立っている。

　かくれキリシタンに対する宮崎と中園の見解は、対象に対する研究者の介入という問題の諸相と、相対主義と普遍主義の間の綱引きの様相を見せてくれる。次節では、研究対象に対する研究者の介入と外在、普遍主義と相対主義という観点から2人の議論を検討したい。

5.現代社会へのかくれキリシタンの位置づけ

　図表3は、異文化との向き合い方を、他者に向き合う基本的姿勢の前提となる2つの世界観と、異文化理解の出発点となる2つのイデオロギーの2軸上に、配置したものである[3]。

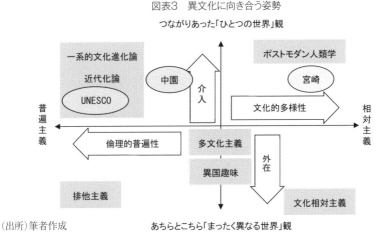

図表3　異文化に向き合う姿勢

（出所）筆者作成

図上部の「つながりあった『ひとつの世界』観」は、一見理解しがたい異文化世界も、自分の生きる世界と分かちがたくつながりあっているという共感を前提とする世界観である。前出の社会学的介入も、こうした世界観を前提としている。下部の「あちらとこちら『全く異なる世界』観」は、文化や宗教などによって異文化と自文化というカテゴリーを作って世界を理解しようとする世界観である。この世界観は、研究対象と自分を彼我に分け、現地社会に「外在」する客観的研究態度の前提となっている。

　左右に伸びる軸は異文化理解の出発点となる2つのイデオロギーである相対主義と普遍主義の軸である。普遍主義は、全人類が共有可能な価値や尺度が存在していることを前提とする異文化のとらえ方で、相対主義はそれぞれの文化が想定する価値や尺度は文化特殊的なものであって、他者の価値や尺度で理解したり評定したりすることはできないと考える立場である。この普遍主義と相対主義は、それぞれ、UNESCOが基本姿勢としている倫理的普遍性と文化的相対性に対応する。

　異文化に向き合う姿勢は四角の網掛けで示されている。普遍主義的価値観と「ひとつの世界」観を持つ図の左上部分に位置するのは、文明化や近代化といった人類普遍の価値に向かって発展する人類社会を想定する文化観である。異文化と自文化の差異を強調し、自文化の価値を絶対視して他者の文化を排斥する排他主義は、左下部分の普遍主義と「まったく異なる世界」観の極にある。

　20世紀中期に人類学が自らの指針としたオリジナルな形の文化相対主義は、自らの尺度で他者を評定することを拒否し、あらゆる文化はそれぞれ独自の価値と尺度を持つ等価のものとみる。他者のもつ価値や尺度を全面的に肯定し、西洋的あるいはグローバルな価値観から見て首肯しがたい慣行も原理的には認める立場である。異文化を知ることによって、自文化が当然視しているものの見方や考え方を相対化することをめざすこの文化相対主義は、「全く異なる世界」観と相対主義の極にある。

　多文化主義やエキゾチシズムも、彼我の差異を前提に異文化を尊重する立場

を取るため、「まったく異なる世界」観の側にある。異文化のあり方を尊重する点では、普遍的な価値や尺度を前提とする普遍主義から距離があるが、個別文化の中に安住することを互いに優先させて、異文化の存在が自文化を相対化する契機になるとは限らない点で、相対主義からも距離がある。

1980年代以降のポストモダンの人類学は、人類学の伝統に立った文化相対主義を踏襲しながらも、グローバル化の進展によって他者なる異文化と自文化がつながりあった世界観に立っている。現地に身を置き、その社会の一員として生きる存在であることを自覚して社会的道義的責任を引き受ける研究者は、冷ややかな傍観者ではなく、異文化の他者を肯定しつつともに生きる倫理的態度を模索する。

この図に本論でとりあげたかくれキリシタンをめぐるアクターを楕円の網掛けで配置した。憲章前文で、平和維持のために人類の知的精神的連帯を構築する必要を説くUNESCOの持つ世界観が「ひとつの世界」観であることは明らかである。UNESCOが文化的多様性と倫理的普遍性の双方を包含する立場を取っていることは先述したが、世界遺産条約において世界の多様な文化の評価基準はUNESCO憲章第1条に掲げられた(前節参照)普遍的価値に基づいている。(多様な)文化に対するUNESCOの基本姿勢は普遍主義に大きく傾いていると考えてよいだろう。

宮崎も中薗も、かくれキリシタンのなんたるかという本質論を語ることで、現実世界に生きるかくれキリシタンのキリシタン性を評定する語りを生み出している。世界遺産との関連で言えば、「もうキリシタンではない」という言明が潜伏キリシタン関連遺産からかくれキリシタンを除外する根拠として援用されたり、キリシタン時代との連続性を訴えることで、布教→弾圧→潜伏→復活(終焉)というストーリーにかくれキリシタンを接合する可能性を生み出したりすることで、その研究は世界遺産登録という現実問題にリアルに介入している。その点で、両者は先の図式にあるつながりあった「ひとつの」世界の側に配置してよいだろう。

宮崎の提示するかくれキリシタン像は、キリスト教との連続性のような外部的尺度を価値づけの根拠に置かず、むしろかくれキリシタンの現在の姿を重視してキリ

スト教のカテゴリーからの離脱を図っている点で、相対主義的色彩が色濃い。無論文化相対主義も普遍的価値ではあるが、個々の文化伝統のあり方をそのままに、キリシタン／キリスト教「らしさ」が稀薄な伝統を継承するかくれキリシタンにも自らの文化の価値を語る言説を提供している。ただし、日本の民俗宗教との共通性の強調により、かくれキリシタンを日本の他の民俗宗教から差別化する準拠点は、キリシタン伝承の歴史／系譜の比重が高まることになる。

　中園も、キリシタンの信仰のみならず、その信仰の成立・存続・変容の大きな要因として生業を含む経済的側面にも着目し、地域ごと組織ごとに変異に富むかくれキリシタンの実相を記述している。この点で、文化の多様性の現実を見つめている。しかし、こうした多様性の現実を評定するにあたっては、キリスト教という普遍的宗教／制度との連続性を謳っており、UNESCOの姿勢に寄り添った普遍主義的傾向が濃厚である。これは文化を越えてグローバルに訴えかける力をもつものの、キリシタン的な伝承内容の濃淡がそれを伝承する人々のキリシタン性を評価する尺度と結びつく可能性は否めない。

　本稿では、研究者が研究対象に関わる際の立場性と言う観点から、2名の研究者の記述するかくれキリシタン像を検討した。世界遺産登録と観光化の過程の中で、両名の分析は、学術面のみならずローカルな現実の中でも大きな影響力を持っている。潜伏キリシタン関連遺産の世界遺産登録と観光化の中、ローカルな日常、観光、長崎文化の発信などさまざまな局面で、キリシタンとは／かくれキリシタンとは何者かというその問いは、一般的な問いとして共有されつつある。こうした研究者の「介入」を反映したさまざまなキリシタン観、かくれキリシタン観が生み出され、かくれキリシタンをめぐる社会の現実に影響を及ぼすことになるだろう。

　かくれキリシタンが生きていた地域では、遠い昔にかくれキリシタンの宗教は手放した集落に生まれた人から、「俺たちはかくれだ」という言葉を聞くことがある。世界遺産登録を果たした現在、キリシタンの伝統が、自らの地域の誇るべき伝統として内面化されていく可能性も大いにあるだろう。かくれキリシタンの存在がローカルな

現実の中でどのように生き残り変容するかを明らかにするためには、今後ローカルな日常の語りに注目する必要があるだろう。

注

1 かくれキリシタンが解散する際は、カトリック教会への復帰ではなく、当時隠れ蓑に使っていた仏教や神道、あるいは新宗教に組織全体で移行する例が散見された。本稿の事例でも、キリシタンの源にあるカトリックよりも日常生活の中で慣れ親しんだ隠れ蓑の宗教への親近感から、神道への移行については多くの人が「戻る」という言葉を使っていた。
2 近年の宮崎は、「本当の（一神教としての）キリスト教」を理解し実践できた人など、そもそもおらず、キリシタンの宗教が日本の民俗宗教へと変容したのは、近世初期のいわゆるキリシタン時代までさかのぼるという持論を展開している（宮崎, 2014; 宮崎, 2018）。
3 この図式は気鋭の人類学者ベル裕紀の講義で提示された概念図を本稿の趣旨に基づいて勘案したものである。

参考文献

片岡弥吉（1966）『かくれキリシタン』日本放送出版協会.

高崎恵（1999）『自己像の選択:五島カクレキリシタンの集団改宗』国際基督教大学比較文化研究会.

田北耕也（1954）『昭和時代の潜伏キリシタン』日本学術振興会.

中園成生（2018）『かくれキリシタンの起源−信仰と信者の実相』弦書房.

野村暢清（1988）『宗教と文化と社会』九州大学出版会.

広野真嗣（2018）『消された信仰:「最後のかくれキリシタン」−長崎・生月島の人々』小学館.

古野清人（1966）『隠れキリシタン』至文堂.

松井圭介（2013）『観光戦略としての宗教:長崎の教会群と場所の商品化』筑波大学出版会.

松井圭介（2018）「潜伏キリシタンは何を語るか−『長崎の教会群』をめぐる世界遺産登録とツーリズム−」『地理空間』11-3, pp.253-268.

松本仁之作（1931）『生月のキリシタン』カトリック書店.

宮崎賢太郎（1996）『カクレキリシタンの信仰世界』東京大学出版会.

宮崎賢太郎（2014）『カクレキリシタンの実像』吉川弘文館.

宮崎賢太郎（2018）『潜伏キリシタンは、何を信じていたのか』角川書店.

山中弘（2007）「長崎カトリック教会群とツーリズム」『哲学・思想論集』第33号, pp.176-155.

Touraine, Alain（1978）La voix et le regar, Paris: Seuil（梶田孝道訳『声とまなざし:社会運動の社会学』新泉社, 1983）.

World Commission on Culture and Development [WCCD]（1996）*Our creative diversity: Report of the World Commission on Culture and Development,* Paris: Unesco Pub.

遠藤周作『沈黙』とその映画化
―スコセッシ監督が直面したさまざまな課題―

マーク・ウィリアムズ

1. 『沈黙』映画化の背景にあるもの

　遠藤周作(1923-1996)は、かくれキリシタンの歴史の文脈を重視しながら、小説を書いた作家である。『沈黙』(遠藤, 1966)はさまざまな資料の研究を踏まえて書かれた小説であり、日本の歴史を理解するためのひとつの手段になる。これを受けて、現在の私たちは信仰の深部を探るように促されている。そして、そうすることによって未来に向けて平和を生きる道を求め続ける動機にもなり、その探求に専念する勇気を持つことにもつながるのではないか。本章では、マーティン・スコセッシ監督が遠藤の小説『沈黙』を映画化に取り組みたいと望んだ理由を分析し、彼が撮り得たいくつかの異なるアプローチを考察する。その上で、そのプロセスにおいて小説の内容の何が残り、何が変わっているかを考察する。スコセッシ監督が実際に取ったアプローチが、遠藤周作のオリジナル作品の描写と意図にいかに「忠実」であったかを検証する。

　スコセッシ監督は、1988年に東京で初めて遠藤と出会う。面会への途上、飛行機の中で『沈黙』を読み返し、感動のあまり、遠藤に直接映画化許可を依頼したと言われている。それ以来25年以上の月日が経ってようやく映画『沈黙―サイレンス―』(スコセッシ, 2016)は完成を見るに至った。そこに至るまでの変遷にはいろいろなことがあったと思われるが、何十年もの深い思索の結果と思われる映画作品となっている。山根道公によれば、遠藤、スコセッシ、両人とも「この作品を作らないで

は死ねない」(Yamane, 2019: 44)と思うほどの重要な課題であった。遠藤もスコセッシも十代の頃にカトリックの神父となる道を考えたという。結果的に2人ともそれを断念はしたが、その可能性を真剣に考えた[1]。そうした背景は非常に重要である。それがなければ、『沈黙』という小説も映画も生まれなかったに違いない。

　遠藤もスコセッシも人間はいかに自己中心的な自我を乗り越えられるか、という問いに悩まされた。その自我、十代の頃の自我、日本文学を研究する自我、近代自我などいろいろな自我があるが、キリスト教的な観点から見た自我、自己中心的な自我をどう乗り越えられるかという問題意識で遠藤が小説を書き、スコセッシがその映画を作った。

　既に篠田正浩監督による『沈黙 SILENCE』(篠田, 1971)が映画化されていたが、その作品に遠藤は不満を抱いていたという。スコセッシに出会った際にもう一度映画化してもらいたいという願望もあったようだ。篠田監督の作品では、とくに最後の踏み絵の場面の監督による解釈は遠藤を落胆させた。一方、スコセッシにとって『沈黙』の映画化は一種の「巡礼」の行為だった。「この映画を製作する恩寵をいただいた」(Scorsese, 2019: 142)と記載していることからも、ただの仕事としてではなく、全身全霊を込めた映画制作であったことが分かる。

　遠藤とスコセッシには、明確な共通テーマがあった。それは、いかにキリスト教の信仰を語り伝えるか、信じることの難しさとその葛藤をいかに表現するか、ということである。信仰と懐疑は対照的ではあるが、同時に表裏一体でもある、ということであり、懐疑なしの信仰はあり得ない。そして懐疑は信仰なしではあり得ないという密接な関係でつながっていることを『沈黙』は真剣に訴える作品である。スコセッシによれば、「疑うことには孤独が潜在するが、もしそれが信仰―真なる信仰、恒久なる信仰―と共存するならば、より喜ばしい霊的交感につながることもありうる。遠藤がこうした苦難を伴う、そして逆説的な過程―確信から懐疑へ、孤独へ、そして霊的交感へと続く過程―をよく理解し、明確に、慎重に、そして美しく描写しているのが、『沈黙』なのである」(Scorsese, 2016b: viii)。

2.文学の映画化にまつわる議論

　文学作品を映画化する作業（翻案作り）はシネマの誕生時期以来実施されている。例えば、文学作品を短編映画化されたものは19世紀末期にさまざまな国で誕生していた。これは必然的に原作・文学が「純文芸・高文化」で、映画は「大衆文芸」であるという批判につながった。そのため、映画化自体は、不倫・背信・変形・冒涜であるなどとけなされるようになった。すなわち文学作品は価値あるオリジナルである一方、その映画化はあまり価値のないコピーであると見られるようになった。

　しかし、1950年代になって初めて翻案学（adaptation）における新しい見方が生まれた。文学作品にひとつの決まった意味・解釈はなく、文学と映画はそれぞれの特異性を持つ別々のものであるという認識が生まれた。それ以来こうした映画化の過程を研究するためのさまざまな新しい方法論が誕生した。

(1)忠実性のアプローチ[2]

　例えば、「忠実性（fidelity）」のアプローチでは、批評家ジョージ・ブルーストーン（Bluestone, 1968）は、原作への忠実性を最重要視し、何が足され、何が削られ、何が変えられ、どう編さんされているかを評価する。そして、原作の「意義」あるいはその「本質」や「真髄」が失われていないかという判断によって「成功作」「失敗作」が判断される。やがてこれは「文学優位主義」による評価として非難されるようになる。映画化は「文芸製作ではなく文芸再生であるとするから駄目だ」という批評や、「文芸作品に解釈がひとつしかあり得ないという前提に立っているから駄目だ」という批評がよく見られる中、忠実論は可能か、あるいは望ましいかという議論もある。テクストが時間や場所に影響され、無限に解釈・再解釈されることを無視した見方は再検討する必要がある。

(2)分類法のアプローチ

　忠実論から離れて、さまざまな映画化を分類する分類法（taxonomies, categorization）が始まる。例えば、ジェフリー・ワグナー（Wagner, 1975）は3種類の翻案型映画化が

あるとしている。まず、「置き換え（transposition）」は、小説がそのまま映画に置き換えられ、人間の干渉がほとんどないかのようにスクリーンに映される。もうひとつは「解説（commentary）」で、原作が意識的あるいは無意識的にある程度解釈されて変えられている。3つ目は「類推（analogy）」で、新しい文芸作品をつくるため、原作は出発点にすぎない。しかし、こうした原作を中心とする分類法を用いると文学優位主義に戻る恐れがあるので、理論的にも実用的にも限界がある。さらに、分類法はシネマ化という美的可能性を無視しがちである。スクリーンに映し出されることによってこそ明らかになる可能性もある。よって原作とのダイナミックな対話を通じて本当の意味が明らかになってくる新しい可能性に注目することが必要になってくる。

（3）物語論的アプローチ

　「置き換え」の過程を通じて「何が主に変化されたか」をより良く理解するために、物語的（narratological）に分析する方法は、その目的としてそれぞれの手法を評価するのではなく、その映画が原作とどのような関係を持っているかを分析する方法である。すなわち置き換え可能なところ（要するに物語自体）と（記号の制度が違うため）置き換え不可能なところを見分ける方法である。この方法はロラン・バルト（Barthes, 1983）の「物語の機能」の区別に基づいている。これは物語における出来事、人物、場所についての裏の情報（バルトのいうindices）との区別を見分ける方法で、「物語の機能」は十分に置き換え可能であるのに対して、裏にあるindicesは置き換えにくいところから生まれる。こうしたアプローチは文化背景あるいは間テクスト性（intertextuality）を無視し、物語論を優先し過ぎるため、形式的だと非難されることがある。

（4）間テクスト的対話主義

　2000年以来、翻案は「一方通行的な置き換えである」というイメージを学者たちはなくそうとしてきた。例えばロバート・スタム（Stam, 2000）は、「翻案が製作品ではなく対話である」と論じてジェラール・ジュネット（Genette, 1992）の指摘した下記の5種類のト

ランステクスチュアリティ(transtextuality)を用いて論じている。まず、①インターテクスチュアリティ(intertextuality)。原作の一部が引用、あるいは援用の形でもうひとつのテクスト(翻案作)に出てくる部分を指す。②パラテクスチュアリティ(paratextuality)。ストーリーとストーリーの本筋以外(例えば、前文、絵、付録など)の関係を論じる。③メタテクスチュアリティ(metatextuality)。原作のテーマを呼び起こす、もうひとつのテクストの部分を指す。④アーキテクスチュアリティ(architextuality)。物語のタイトルが及ぼす影響を指す。タイトルだけでさまざまなイメージや他の物語が湧いてくる。最後に⑤ハイパーテクスチュアリティ(hypertextuality)。新しいテクスト(翻案作)に生まれる、原作から派生発生する関係を指す。スタムによれば、翻案は対話的な置き換えであり、ハイパーテクスチュアリティが最も適切な研究方法であると論じている。これは翻案で場所、時間の設定などがどう扱われているか、話の筋、登場人物の性格、話の順番がどの程度変えられているかなどを分析することによって初めてできるものである。

(5)新しいアプローチ

　このように翻案学はさまざまな方向に展開したが、最近になって翻案の文脈やその過程により焦点を当てる必要があるとする新しいアプローチが出てきた。例えば、ミレイア・アラガイによれば、「原作は翻案作が忠実に再生しなければならない普遍の本質を持つオリジナルとしてみる必要はもうないのである。むしろその原作は絶えず読み直され、さまざまな文脈において再発見されるテクストとして見るべきである」(Aragay, 2005: 18)。また、リンダ・ハッチオン氏が次のように述べている。「翻案に関しては、映画化というものを、翻案家がクリエイテイブな解釈・解釈作品を創り出すプロセスとして捉えるアプローチが必要である。そしてそのプロセスでは文化的、歴史的な文脈が重要な役割を果たしている」(Hutcheon, 2006: 18)。そのため、こうした分析は翻案の製作の文脈、時間、そして場所をも重視しなければならない。したがって、翻案分析学はその複雑なテクスト環境、その文化的意味合い、そしてその記号において多層のレベルがあることを認めなければならないことを指摘し、さまざまな角度からその映画(翻案作)を新しい作品として見るべきではないか

という声が上がってきた。

3. スコセッシ監督のアプローチ

　では、スコセッシ監督が映画化において実際にどのようなアプローチを取ったかを考察したい。いくつかの重要な場面でスコセッシの解釈あるいは自身の信仰に基づいた挿入があるが、ここでは5つの重要な描写シーンに絞って検証したい。

(1) 岡田三右衛門（ロドリゴの踏み絵後の別名）の葬儀の場面

　まず、小説の最後にロドリゴが岡田三右衛門と改名させられ、刑務所の出入りを繰り返した挙句、35年後に死んでいくことが書かれている。定説によると、ロドリゴの踏み絵の場面が小説及び映画『沈黙』のクライマックスとされているが、踏み絵以降のロドリゴ・岡田三右衛門の行動・心の波を考えれば、むしろ岡田三右衛門の葬儀の場面こそが真のクライマックスではないだろうか?しかしこの葬儀のシーンは遠藤の原作の「切支丹屋敷役人日記」の章の一番最後に書かれているため、実は読み落とす読者が多い。古典の文語体で書かれており、しかも古典資料の引用が多いため、「小説らしくなく、ロドリゴは踏み絵をもう踏んだし、読まなくていい」と思う読者が多いようだ。同じように、篠田監督の映画も踏み絵の場面でほぼ終わっている。すなわちロドリゴが踏み絵を踏み、棄教して日本人女性と結婚し、幸せに暮らす感じで終わってしまうが、その点に関して遠藤は非常に残念がっていた。それは『沈黙』の真髄とは全く逆ではないか。踏み絵でロドリゴが自分の信仰を捨てるのではなく、転びはするけれども新しい信仰が生まれてくることこそ、最も表したかった点ではないだろうか。

　スコセッシ監督がこの葬儀のシーンの真髄をより忠実に描写している。映画の最後で、岡田の妻が十字架を彼の遺体の上に置く。これはスコセッシ監督の独自の素晴らしいアイデアであったと、ヴァン・ゲッセル (Gessel, 2019: 130) が断言しているが、亡くなったロドリゴが手のひらの中に十字架を載せている描写に疑問を感じる人もいなくはない。「それは小説にないから駄目じゃないか」とか「忠実的でない」と

いう声もあったが、むしろ「これこそ遠藤の言わんとしていた事の本筋、真髄に近い」という評価の声の方が圧倒的に多かった。私もそのひとりだ。なぜかというと、妻の手によって十字架がお棺に入れられる描写を通じて、彼女こそが彼の心の本音を理解していることが分かる。小説の方では、日本人女性と結婚することにはなるが、岡田夫人という存在はほとんど出てこない。しかし、映画では重要人物のひとりとして登場する事になる。

　これこそがクライマックス的な出来事である。というのは、この十字架を置くことによってロドリゴの、岡田三右衛門としての本音が分かる。さすがに葬儀は仏教式で行われていたが、それによって誰も岡田三右衛門の魂の内をはかることができないことへの気付きをスコセッシ監督が促す。そして小説の最初の方で殉教したモキチという農民がロドリゴに手渡した十字架を、棺の中で手に持っている岡田の描写で、神の視点も取り入れることに至る。小説と映画では記号が違うため、違うやり方だが同じことが言えると思われる。視覚は映画の特徴のひとつであり、非常に印象的である。

　遠藤の原作に学んだスコセッシのこの描写によって、宣教師としての熱意に燃える若い神学生だったロドリゴが、日本の貧しい農民たちの信仰を身に付ける過程が強調されることになる。そしてロドリゴは、絶望のどん底で、自分がキチジロウと一切違わないことに最後になって気付く。2人ともキリストの哀れみ深い顔に出会わされる弱者である。表面では、ロドリゴは踏み絵を踏んだ後も30年以上、命令されるたびに信仰を捨てるとする「転び証文」に自分の名前を書き続ける。しかし、内面ではかくれキリシタンたちが絶えず持ち歩いていた木製の十字架をロドリゴも手放さずに生きていたのである。それは彼がかくれキリシタンたちから学んだ全てのことの象徴である。そして同時に、これは日本文化風土に根差しているキリストの顔にも重なり合う。

（2）踏み絵の場面

　前述したように、さまざまなところで踏み絵の場面が『沈黙』のクライマックスであ

ると書かれている。ロドリゴが足を踏み絵の上に置いたところで、小説は終わったと思う読者が数多くいるが、小説ではそのあと20ページあり、その後「切支丹屋敷役人日記」というまとめの箇所があり、そこに注意を向ける事で、読み方が全然違ってくる。

　さらに、さまざまなところで指摘されているが、踏み絵の場面でスコセッシが恐らく一番苦労したと思われる英訳の問題がある。踏み絵の場面の日本語版には「踏むべきか踏むべきでないか」と悩むロドリゴに「踏むがいい」という神の声が聞こえてくる。英訳本ではそれが命令形の「Trample！」になっている。原文の「踏むがいい」と英訳の「Trample！」の命令形ではニュアンスが異なる。「踏みなさい」という命令する神は強く怖いイメージがあるともとれる。スコセッシ監督はこの問題に対して非常に上手な答えを出したが、これもヴァン・ゲッセルによる、スコセッシ監督への「これは怒っている神ではなく、むしろより優しき母なる言葉にすべきだ」との提案によるものらしい（Gessel, 2019: 19）。踏み絵からロドリゴが聞く言葉は、ただの「耳の幻覚」だという批評家がいることも指摘されている（笠井, 2012）[3]。しかしこれが「神からの声である」と解釈する立場をとるならば、スコセッシ監督の解釈が原文に非常に忠実的であるといえる。

　スコセッシはロドリゴとキチジロウを重ね合わせるために、この踏み絵の言葉をキチジロウに言わせる選択肢を考慮したと言われているが、もしそうしたのであれば、神の声をキチジロウの声に直すことになり大きな違いになってくるが、そのような選択肢も分からないこともない。しかし最終的に、キチジロウの声ではなく、上から優しく聞こえてくる声で「いいんだよ。お踏み」という言葉が聞こえてくることになった。その優しさに満ちた言葉を聞いて、ロドリゴがそれに応じるのである。

　こうした描写を通じて、ロドリゴが棄教したのではなく「転んだ」のであるという解釈が映像化された。棄教であったら、ただ信仰を捨てて踏み絵を踏むことで全て終結となり、彼の恩師であったフェレイラと同様に「クリスチャンではなくなる」ことになるが、そうではなくて「転んだ」として描かれているのである。それは小説に秘められている内容をスコセッシ監督が別のやり方で強調したこととも言える。そして、その

「自分が転んだ」ということを通じて、ロドリゴがより深い信仰に目覚めさせられていくことが強調される。

　小説では、あまり気付かない読者がいるかもしれないが、その踏み絵の場面の最後の行に「鶏が遠くで鳴いた」とある。踏み絵を踏んだロドリゴが苦悩のどん底にいる最中に、遠くでニワトリが鳴いたのである。これはもちろん聖書のある箇所を思い起こさせる叙述であり、ペテロが最後にイエスを裏切る際に「鶏が鳴く前に、三度わたしを知らないというであろう」と言われた場面を暗示させる意図が読み取れる。映画では鶏の声が入っているものの、さすがにそれだけでは誰も気が付かないけれど、スコセッシ監督にとって重要なところであろう。こうした描写を通じて、ロドリゴが「本当のかくれキリシタン」として描写されているといえるだろう。

（3）かくれキリシタンの描写

　全体的に「かくれキリシタン」の描写を見る時、小説から映画にされたことでどのような意味合いがあるといえるか。映画では、映像表現の持つ利点を生かすことで「かくれキリシタン」の生き様が視覚的、聴覚的、そして感覚的に、よりリアルな描写で表現されている。スコセッシ監督は、映画の持つ特性をフルに用いてさまざまな感覚に訴える形で小説の真髄を伝えている。その表現方法により、主人公の描写だけでなく、キチジロウやフェレイラといった脇役の登場人物の描写、また自然風景の描写を通じて「かくれキリシタン」の有様を語る物語の語りに違った深みを持たせている。

（4）キチジロウの描写

　キチジロウの役割は、聖書ではユダの役に当たるとよく言われている。ロドリゴを裏切って彼を当局に手渡す役割は、たしかにユダ的な存在ではある。しかし、キチジロウは、弱者でありながらもロドリゴを助けていく「同伴者」である存在でもあり、そのような人物キチジロウに、遠藤もスコセッシも魅了されていたことは確かである。遠藤によれば、「キチジロウこそ私である」、「一番私が心を惹かれているのがキチジ

ロウである」とさまざまなところで言っていた。それは映画を見て、「なるほど」という印象を受ける。小説のみからでは、この遠藤の思いは、あまり伝わってこないと思われるが、スコセッシはそれを受けて、キチジロウはただユダ的な悪者だけではなく、踏絵の場面の後のキチジロウの動作を強調させることによって、なぜ遠藤が「キチジロウは私である」といえるのかという問いに答えているといえる。そして、この映画でキチジロウの役を演じた窪塚洋介もまた「この役を演じ終わった後、俳優のキャリアを辞めても構わない」と思ったと言われる。「この作品を終えるまで死ねない」と言っていたと遠藤もスコセッシと同様に、役者である窪塚も、自分のキャリアの集大成と思われるほどの価値を見出して全身全霊をかけたのではないだろうか。このように映画においてキチジロウの視点がより取り入れられることによって、映画のキチジロウは単なる陰謀家でなく、より人間的な人物となっている。

ロドリゴは「陰謀家のキチジロウが自分と同じ神様を崇拝しているとは思えない」(Yamane, 2019: 49)のだが、それがだんだんと変わっていく。小説における描写も、初めはロドリゴとキチジロウの距離が強調されている。切支丹屋敷の場面に至っても、たしかにロドリゴとキチジロウが同じ神を崇拝しているとは思えない。しかし、注意深く見てみると、小説でもそうだが、とくに映画では、2人の間の隔てはだんだんと崩れていく過程が非常によく描写されている。最後の最後までキチジロウは繰り返し登場する。ただ悪人としてではなく、例えば、「私の告解を聞いてください」など、さまざまな場面で現れ、言ってみれば、キチジロウは、ロドリゴの誰にもまして隣人の役割を果たしているのである。その役割などは映画の中でスコセッシ監督がより描出しているといえる。よって、監督スコセッシも役者窪塚もキチジロウの暗い側面を描きながらも、内在している霊的な要素を意識して表現している。キチジロウに内在している稚拙な無邪気さが巧みに描写されている点などを見ても、スコセッシ監督はキチジロウの魂におけるドラマを巧みに捉え表現しているといえる。

（5）フェレイラとロドリゴの踏み絵の場面後の描写
　5つ目に取り上げるシーンもあまり小説には出てこない。踏み絵の場面の後、映画

では、ロドリゴが元恩師のフェレイラと伴って、キリスト教と関連するさまざまな物件を探し出す場面がある。小説にもないことはないが、それは日常生活の一部として書かれてあり、あまり強調されておらず、深い意味は込められていないように見える。しかし、スコセッシ監督の映画の中では、重要な場面として扱われている。2人の元神父が奉行に「キリスト教的な物件を探すように」頼まれ、そしてもしそれを見つけたら、「その持ち主に踏み絵をさせる」という場面が数回描かれている。これによって、ロドリゴが、踏み絵後の日々においても弾圧下に置かれていたことが強調されてくる。

さらに、フェレイラについても同様の見方ができる。小説では、フェレイラは最後まで棄教者として描かれている。映画における描写では、「棄教」の後のフェレイラの悲しい顔の表情が非常に印象的である。この悲しさの表現を通して、彼も本当の棄教者なのかどうかという疑問を、スコセッシ監督は見る者に投げかけているといえるのではないか。

さらに、最後にフェレイラが言う言葉として「主よ」という場面が、小説にはないが映画にはある。映画の中でフェレイラ自身が言うこの言葉は、彼も神を見失っていないということを暗示させる非常に印象的な描写である。

4. スコセッシ監督にとっての『沈黙』とは

スコセッシ監督にとって遠藤文学の特徴のひとつは、「優しさ・思いやり（tenderness, compassion）」である（Scorsese, 2019: 143）。小説の読者の私たちも、映画を見る私たちも必ずそれに気付かされる。全ての遠藤の作品に内在する、こうした人間性の要素を巧みに捉えているところこそが、スコセッシ監督の世界文学としてみる『沈黙』の映画化の一番重要な貢献ではないだろうか。

そして、「『沈黙』のストーリーは苦しみながら学んでいくひとりの男の話である。学んだこととは、神の愛は人間の思いに比べて、よりはるかに神秘的であること、神は我々が認めている以上に多くのことを人間に任せていること、そして神は沈黙している時でも必ず臨在されるということ」である（Scorsese, 2016: ix）。

つまり、スコセッシ監督はこの映画で原作への忠実性を重んじながらも、スコセッシ自身の信仰を持って原作に向き合い、その過程の中から、信仰及び信仰と表裏関係にある懐疑をも真剣に表現する作品としてこの映画を制作したのではないだろうか。その意味で、この映画はスコセッシ監督の翻案版「私<ruby>映画<rt>わたくし</rt></ruby>」といえるのではないかと思われる。

注

1　遠藤は日記（遠藤，2018）において、スコセッシは『沈黙』の英訳本の序（Scorsese, 2019）において、それぞれ神父になることを考えたことを記載している。2人ともそれが召命であるかどうか悩み、結果的に思いとどまったと思われる。
2　下記の考察は元同僚のアレックス・ピナール氏との論議によるものである。
3　大里恭三郎のコメントとして、笠井（2012）に引用されている。

参考文献

Aragay, Mireia (2005) "Reflection to Reaction: Adaptation Studies then and Now," in Aragay, M. (ed.), *Books in Motion: Adaptation, Intertextuality, Authorship.* Rodopi, 12-34.

Barthes, Roland (1983) *Empire of Signs,* Hill and Wang.

Bluestone, George (1968) *Novel into Film,* Johns Hopkins University Press.

Genette, Gerard (1992) *Palimpsests: Literature in the Second Degree,* University of Nebraska Press.

Gessel, Van C. (2019) "Endō Shūsaku and *Silence*" and "*Silence* as my Traveling Companion: My Journeys with Endō, Rodrigues and Martin Scorsese" and "An Interview with Van C. Gessel, Literary Consultant on Martin Scorsese's Film Adaptation of *Silence*" (with Darren Middleton), in V. Gessel & D. Muhlestein (eds.), *Translating* Silence. *Literature and Belief,* vol. 39:1.

Hutcheon, Linda (2006) A Theory of Adaptation, Routledge.

Scorsese, Martin (dir.) (2016a) Silence, Paramount Pictures.

Scorsese, Martin (2016b) "Foreword," in Shusaku Endo, *Silence: A Novel,* Picador Classics, pp. i-vii.

Scorsese, Martin (2019) "Martin Scorsese on Silence, Grace, and Salvation," in V. Gessel & D. Muhlestein (eds.), *Translating* Silence. *Literature and Belief,* vol. 39:1.

Stam, Robert (2000) "Beyond Fidelity: The Dialogics of Adaptation," in Naremore, J. (ed.), *Film Adaptation,* Rutgers University Press, 54-71.

Wagner, Geoffrey (1975) *The Novel and the Cinema.* Rutherford, Madison & Teaneck:

Farleigh Dickinson University Press.

Yamane Michihiro(2019)"Thoughts on *Silence*: the Novel and the Film," in V. Gessel & D.
　Muhlestein(eds.), *Translating* Silence. *Literature and Belief*, vol. 39:1.

遠藤周作(1966)『沈黙』新潮社.

遠藤周作(2018)『遠藤周作全日記1950-1993』河出書房新社.

笠井秋生(2012)「『沈黙』をどう読むか:ロドリゴの絵踏み場面と『キリシタン屋敷役人日記』」『遠藤周
　作研究』5.

篠田正浩(1971)監督『沈黙SILENCE』東宝.

スコセッシ,マーティン(2017)監督『沈黙―サイレンス―』角川大映スタジオ.

第Ⅲ部
＜未来のシナリオ＞
平和研究と軍縮教育

軍縮教育の現状と課題

中村 桂子

　軍備を縮小し、より平和で安定した世界を実現するために人々を教育するという「軍縮教育」の意義について、異論を唱える者はほとんどいないであろう。国際機関からも、核保有国を含む各国政府からも、あるいは市民社会の側からも、その必要性や重要性はさまざまな場面で繰り返し語られてきた。しかしながら、「誰も反対しないテーマ」という、軍縮教育を語る際のある種の安易さゆえに、逆説的な意味で軍縮教育は「誰も真剣に向き合わないテーマ」になってしまっているのではないか。重要性が声高に語られる一方で、真に意味ある軍縮教育とは何か、それが実際に行われてきたのか、といった検証作業が充分になされてこなかったのではないか。

　こうした検証は、日本の文脈においてとりわけ重要であると考えられる。核兵器に依存する政策をとり続けることと、軍縮教育を推進することの間には根本的なジレンマが存在するのか否か。

　本章では、言葉だけが独り歩きしてきたこのテーマにあらためて光を当て、これまでの取り組みの中から見えてきた軍縮教育をめぐる諸課題を洗い出すことを試みる。

1. なぜ今、「軍縮教育」なのか

　広島・長崎の経験を持つ「唯一の戦争被爆国」として、日本政府は国際的な軍

縮教育の普及における主導的な役割を自認し、とりわけ被爆の実相を世界に伝えることが必要であると訴えてきた。核軍縮関連の国際会議においてそういった趣旨は日本の発言に繰り返し登場し、日本の主導で国際的な共同声明の発出なども行われてきた。

　しかしこれらは日本のひとつの顔に過ぎないとも言える。日本はもうひとつ、米国の「核の傘」に依存する国という顔を持っている。そうした相反する2つの顔を持つ日本は、一方では被爆国の名を掲げて核兵器の非人道性を訴え、すべての人々が核兵器使用の実相を知るべきと広島・長崎への訪問を促し、もう一方では米国の核兵器によって自国の安全保障が担保されており、核兵器の存在は不可欠である、とのメッセージを世界に発している。

　こうした日本の抱えるジレンマが最も顕著に表れているのが、2017年に国連で採択された「核兵器禁止条約」に対する姿勢であろう。核兵器の非人道性に対する認識を根幹に据え、国連加盟国の3分の2近い国々の賛成を得て採択されたこの条約に対し、「唯一の被爆国」日本は署名を拒否し、背を向け続けている。広島、長崎の被爆地は、こうした政府の姿勢に対し、失望と批判の声を繰り返し上げている。

　世界に目を転じれば、核兵器をめぐる世界の現状はきわめて厳しい。2019年6月現在、世界には未だ1万4千発近い核弾頭（核兵器の爆発する部分）が存在している（長崎大学核兵器廃絶研究センター，2019）。東西冷戦のピーク時が7万発近くであったことからすると、確かに核弾頭数自体は減少傾向にある。しかし、「より使いやすい」低威力核弾頭を含む新たな核兵器システムの開発・配備をはじめ、各国が核抑止力の強化を進める中で、核兵器使用のリスクはむしろ高まっている。核兵器などによる人類滅亡を午前0時になぞらえ、「真夜中まであと何分」という形で象徴的に世界の現状に警鐘を鳴らす「終末時計」は、現在、米ソの水爆開発が進み、最も針が進んだ1953年と同じ「2分前」を指している[1]。2つの核大国が対峙していた冷戦時代とは形は違うが、人類は極めて危険な核兵器使用の瀬戸際にあるというのが世界の多くの専門家に共有した認識である。

現状への危機感をさらに高める要素のひとつが、いわゆる「核のタブー」意識の薄れである。過去何十年にもわたって、核兵器使用の非人道性を誰よりも雄弁に、説得力をもって語ってきたのが、広島、長崎の被爆者である。その平均年齢は82歳を超え、高齢化が進んでいる。語れる人々がいなくなってしまう日、「被爆者なき時代」はいずれやってくる。原爆の記憶の風化とともに、核兵器を持つこと、使うことへの人々の忌避感の低下が懸念されている。

　このように、核兵器をめぐり、世界はますます大きく2つの方向に引き裂かれようとしている。核兵器禁止条約は発効要件の50カ国批准まであと10数国に迫っており、発効は時間の問題といえる。人類史上初めて、核兵器を国際法違反の非人道兵器と明確に位置付けた条約が存在する時代が到来するのである。しかし同時に、核兵器保有があたかも既得権であるかのように、その維持強化に邁進する国々の姿勢はますます露わになっている。

　こうした時代認識の中で、「核兵器のない世界」の実現に向けた、真に求められる軍縮教育とは何であろうか。とりわけ次世代を生きる世界の若者たちに、「唯一の戦争被爆国」である日本から何を、どのように伝えていくべきなのか。広島・長崎の原爆投下から75年という節目を前に、軍縮教育とは何か、そのあるべき姿が問われている。

2. 国際文書に登場する軍縮教育

　そもそも軍縮教育については、これまで実践に焦点が置かれる一方、体系的な学術研究の対象として扱われることはほとんどなかった。平和教育については、教育手法や評価などについて国内外に研究の蓄積が存在し、教材開発なども積極的に進められている。しかし、軍縮教育というテーマに絞ると、学術的には極めて未開拓な分野であると言わざるを得ない。

　まずは手がかりとして、軍縮関連の国際文書において軍縮教育がどのように扱われてきたのかを見ていきたい。

　国際条約の中で言及されている例としては、前述の核兵器禁止条約が挙げら

れる。条約の根幹となる精神や理念を述べた前文に、「すべての側面における平和及び軍備の縮小に関する教育ならびに現在及び将来の世代に対する核兵器の危険及び結末についての意識を高めることの重要性を認識し、またこの条約の諸原則及び規範を普及させることを約束し」と述べられている。

　核兵器禁止条約には現時点では保有国は入っていないが、核保有国も含む国際的な合意文書の中においても軍縮教育はたびたび言及されている。例えば米国、ロシア、英国、フランス、中国の5つの核兵器国を含む核不拡散条約（NPT）の締約国は、5年おきに開催される再検討会議において核軍縮、核不拡散、核の平和利用という条約の3本柱の履行状況を確認し、今後の前進を図るための合意文書の作成を図ってきた。最新のものは64項目の行動計画を含む2010年の合意文書であるが、その中でも「軍縮・不拡散教育」の促進は言及されている。このように、一般論としての軍縮教育の必要性、重要性については、核保有国を含めた国際合意として確認されている点をまずは押さえておくべきであるが、それは同時に、核保有国にとって「痛くもかゆくもない」、言い換えれば、現行の核政策の転換を求めるようなものと受け止められていないという証明でもあろう。

　各国が発するステートメントにも軍縮教育は頻繁に登場する。2019年春に開かれた、2020年NPT再検討会議に向けた第3回準備委員会では、日本政府が55カ国を代表して「軍縮・不拡散教育推進のための現実的措置に関する共同ステートメント」を読み上げた。ここにも核兵器国である英国の参加があった。

　また、国連からも軍縮教育に対する強い関心が示されている。2018年5月には、グテーレス事務総長が『軍縮アジェンダ』（United Nations Office for Disarmament Affairs, 2018）と題する文書を発表した。そこでは3つの優先課題として、「人類を守るための軍縮」「人命を救うための軍縮」「未来世代のための軍縮」が掲げられているが、この中で大きく紙幅を割いて述べられたのが軍縮教育の重要性であった。「若者が変革と軍縮に向けた力となれるようにエンパワーすべく、さらなる教育と訓練の機会が確立されるべきである」とあるように、軍縮教育が知識を授けることに留まらず、その知識を受けた人々が社会の在り方を変えていけるような力を持つ、

行動につなげていけるような教育が必要ということが明快に述べられている。こうした教育が「持続可能な開発目標(SDGs)」とも合致するものであるという視点が示された点も新しい。

3. 核兵器禁止条約と軍縮教育

　前述の通り、核兵器禁止条約には軍縮教育の重要性が盛り込まれたが、この条約の成立過程そのものが軍縮教育の成功例であると言っても過言ではない。

　核兵器禁止条約の採択に向けて国際社会を動かしたのは、核兵器の非人道性に焦点をあてた新しいアプローチの台頭であった。旗振り役となったのは、オーストリア、メキシコ、南アフリカなどの非核のリーダー国である。これらの国が狙ったのは、非人道性を根幹に据えた禁止条約を作ることで核兵器に「悪の烙印」を押すことであった。「核兵器が国の安全を守る」「核兵器には価値がある」「核兵器こそ大国の証であり、力の象徴である」といった核兵器依存を肯定する人々の認識を変え、核兵器を「国際法違反の非人道兵器」と明確に位置付けることで、核保有国や「核の傘」依存国の政策転換を促す圧力とし、核軍縮の前進を図ろうとしてきたのである。

　核兵器の非人道性に対する認識を国際社会に広げるために、これらのリーダー国が市民社会との協力の下、各国の外交官らを招いて開催したのが「核兵器の非人道性に関する国際会議」であった。2013年から14年にかけて開かれた3回の会議を通じ、核兵器使用の危険性がどれほど緊迫しているか、そして一旦使用されたら、どれほどの壊滅的な人道上の影響がもたらされるか等について、各国から集まった研究者、専門家が次々と最新の研究成果を提示し、外交官らと議論を重ねた。

　例えば、インド・パキスタン間で発生した局地的な核戦争のシミュレーションでは、核戦争に起因する世界的な気候変動が食糧生産に影響を与え、結果、20億人が飢餓に陥るとの予想が示され、核兵器の存在が人類すべてにとっての脅威であることが参加者に鮮明に印象付けられた。このように、被爆者の肉声の持つ力

を補完、補強する形で、科学的で客観的なエビデンスが核兵器の非人道性にリアリティと切迫感を与えた。そして、核兵器国が動くのを待っていては遅すぎる、非核兵器国の主導で核軍縮に向けた新しいうねりを生み出すことは可能だ、と意識を変えることに成功し、核兵器禁止の法的措置に踏み切ることを多くの国々に首肯させた。これは、非人道アプローチの主導国と、それらを支えるNGOなど市民社会アクターによる軍縮教育が成功し、非核兵器国における意識改革と、それを行動に結びつけるエンパワメントが図られた結果であったといえるだろう。

4.軍縮教育の歴史的背景

　軍縮教育の緊急性を宣言した最初の国際会議は、1978年開催の第1回国連軍縮特別総会であった。ここで採択された最終文書に、各国政府やUNESCOなどの国連機関に対し、さまざまなレベルでの軍縮教育のプログラム開発に向けた具体的措置をとることを要請する内容が盛り込まれたのである。これをきっかけに立ち上がったのが、現在も続いている「国連軍縮フェローシップ」である。各国から選ばれた30名ほどの若手外交官が各地を訪問しながら軍縮と安全保障を多角的に学ぶという趣旨で、毎年、広島と長崎も訪問先に組み込まれている。

　この最終文書の要請を受け、2年後の1980年に、今度はUNESCOの主催で、軍縮教育に関する世界会議が開催された。採択された最終文書は、78年の文書と同様に軍縮教育の重要性を謳っていたが、軍縮に関する研究と教育実践の両方を促進していく必要性を明記したことに特徴がある。

　軍縮教育促進の動きにおいて、次に大きな転機となったのは冷戦終結後の2000年であった。軍縮機運の停滞を打破するためには若い世代への教育に精力的に取り組むべきとの勧告が国連軍縮諮問委員会から出され、その年の国連総会が軍縮・不拡散教育研究に着手するよう事務総長に要請する国連総会決議55／33Eを採択したのである。これを受け、事務総長は、軍縮教育の現況調査を行うべく国連加盟国や国際機関、各国の研究機関やNGOに対して情報の提供を求めるとともに、翌01年には、情報の分析と提言作成を目的とした10カ国の専

門家で構成される政府専門家グループを設置した。日本からはのちにIAEA事務局長等を歴任した天野之弥大使(当時の肩書は在米大使館公使)が参加している。

　4回の会合の成果として、2002年8月、「軍縮・不拡散に関する報告書」(以下、「報告書」)が事務総長に提出された(United Nations, 2002)。報告書には34項目にわたる具体的な勧告が盛り込まれた。その後の国連総会においては、この勧告の実施を求める国連決議が隔年で継続的に採択されている。

(1)軍縮教育の定義

　この報告書が、現在までにおいて、軍縮教育に関する概念整理を行った最も包括的な研究報告といえるだろう。「軍縮・不拡散教育の目的」として、報告書は次のように述べている。

　「効果的な国際管理の下での全面完全軍縮の達成に向け、国民として、また世界市民として貢献できるよう、知識や技術を授けることで、一人ひとりをエンパワーすること」。

　目指すべきものは国連の究極の努力目標である「全面完全軍縮」であり、その前進に向けては個々人のエンパワーメントが必要という認識である。さらに、この目的の達成のための具体的目標として、以下のような点が列挙された。

　①何を考えるかではなく、どのように考えるかを学ぶ

　②批判的思考を発達させる

　③国家、地域、世界レベルで、平和を左右する多層的な要素への理解を深める

　④平和を促進する姿勢や行動を奨励する

　⑤安全保障問題に対する人々の責任ある態度を養成する

　⑥政治的、地域的な格差を埋める

　⑦平和、寛容性、非暴力、対話の価値を国家や市民の交流の基盤に置く

　また、報告書では「軍縮・不拡散教育及び訓練」という表現が使われているが、

「軍縮教育」「不拡散教育」のそれぞれの目指すものの違い、さらにはそれらと「平和教育」との関係についても整理を行っていることに注目したい。

　軍縮教育の目指すところはあらゆる形態の軍備と紛争の低減ならびに撤廃・根絶にあるとする。対象となる兵器には大量破壊兵器をもとより、小火器や対人地雷兵器等も含まれ、テロリズムの問題もその範疇に入る。他方、不拡散教育の目指すところは、あらゆる兵器、とりわけ大量破壊兵器とその運搬手段のいっそうの拡散防止である。軍縮教育と不拡散教育は並列ではなく、不拡散教育は軍縮教育の「不可欠な一部」であり、また同時に、両者は相互に補強しあう関係にある、と位置付けられている。軍縮と不拡散とが相互補強関係にあるという表現はNPT合意文書にも頻出するが、それと同様に、軍縮教育と不拡散教育も相互補強の関係にあると報告書は述べている。

　また、平和教育との関係については、軍縮教育が平和教育を補完するものであると定義されている。さらに、軍縮教育は、紛争解決、多文化、多様性への理解、ジェンダー平等、環境保全、開発、人権など、より良い世界を目指すうえで求められるさまざまな価値観の養成に役立つものであり、また、これらの前進は軍縮教育の前進に役立つという、ここにも相互補完関係が成り立っていると説明されている。

　さらに、軍縮教育を進めるうえで不可欠なものとして、各国政府、国際機関、地域機構、さらにはアカデミア、メディア、自治体、NGO等との国際的なパートナーシップと、加えて十分な財政的支援の必要性が言及されている。

（2）勧告とそのフォローアップ

　前述したように、報告書には軍縮・不拡散教育の促進に向けた34項目の勧告が盛り込まれた。ここで謳われている軍縮・不拡散教育がフォーマル教育、すなわち正規の学校教育に限ったものでなく、さまざまな層の人々を対象とした多様な教育アプローチや教材の充実を訴えている点は特筆すべきである。さらに、情報通信技術を活用したものを含め、新しい教育手法を開発していく重要性も強調されている。

報告書は、各国政府をはじめとするさまざまなステークホルダーが、軍縮・不拡散教育に関して継続的な情報共有を行い、問題点の洗い出しをすることで次なる段階に進んでいくべきことを勧告している。これに基づき、2004年以降、隔年で国連事務総長によるフォローアップ報告が公表されてきた。

しかしながら、このプロセスが十分に機能しているとは言い難い。各国からの情報提供は圧倒的に少なく、例えば2018年報告において軍縮・不拡散教育に関する国内実践例を報告した国はわずか5つ（キューバ、エルサルバドル、日本、マダガスカル、メキシコ）に過ぎなかった。勧告の実施については、前述したように2010年NPT再検討会議合意文書の64項目行動計画に盛り込まれており、すべてのNPT締約国のコミットメントとして再確認されている。しかし各国の反応はきわめて薄く、軍縮教育の普及が掛け声に終わっている現状を如実に示している。さらに、フォローアップ報告では各国、国際機関、NGOなど市民社会での実践例が羅列されるのみで、それらの評価や分析には至っておらず、有機的な国際連携には程遠い状況といえる。

5. 国連の実践例

この間、軍縮教育の旗振り役となってきたのは国連などの国際機関であった。とりわけ中心的な役割を担っているのが国連軍縮局（UNODA）である。2020年3月現在、軍縮担当上級代表を日本人の中満泉氏が務めていることは良く知られているだろう。

UNODAのウェブサイトには軍縮教育に関する特設ページがあり、軍縮問題に関する基礎資料から、軍縮教育に関する国連の最新の取り組みの紹介まで多くの情報が6つの国連公用語で掲載されている。近年、受講者が自分のペースで学べるオンライン講座の開設が進められており、大量破壊兵器の軍縮からサイバーセキュリティ、ジェンダーと軍縮などテーマの拡充が図られるとともに、エキスパートレベルから若者向けまで、より幅広い層に対象が広げられてきている。

また、UNODAがとりわけ力を入れているのが、若者や女性を対象とした軍縮

教育プログラムである。ジェンダーと軍縮は昨今大きな注目を集めるテーマであり、2000年には国連安保理で、国際的な平和と安全保障の分野において女性が意思決定プロセスに参加することは不可欠であるとの認識を示した決議1325が採択された。しかし現状では、軍縮・不拡散の分野においては男性の比重が高く、とりわけ若手の専門職においては明確なジェンダーギャップが存在している。

こうした点にメスを入れるべく、UNODAは、とくに途上国出身の女性のキャリア構築を支援する取り組みを進めてきた。「平和に向けた女性の高等教育ウィーンフォーラム」は、軍縮・不拡散分野に取り組む女性を増やすことに向けた包括的なプログラムであり、実践的なセミナー開催とともに、奨学金の提供や国際機関への就職支援などを実施している。オーストリアやスイスをはじめとする欧州各国政府や市民社会との協力も強化されつつある。

6.今後に向けた課題

UNODAの例のように新しい取り組みが生まれていることは事実であるが、国連報告書に示された勧告の履行に向けてはまだ多くの課題が残っている。今後、主要な国連加盟国の履行状況についてさらなる情報を収集し、より詳細な分析を行いたいと筆者は考えているが、まずは2002年とそれ以降の国連報告のみを材料として、今後に向けた課題を考えてみたい。

(1)実態把握に向けた取り組みの強化

既に述べたように、軍縮教育にかかる国際連携のプラットフォームとなりうるフォローアップ報告のプロセスは十分機能しておらず、各国における実態把握も、また、そうした情報に基づく分析や活用も十分に行われていない。まずはこうした状況を改善するために、各国に情報の提供を一層促すとともに、軍縮教育の目的に向けた評価基準を定め、進捗状況を可視化する指標をつくるなどの工夫が必要ではないだろうか。

(2) 軍縮教育に求められる要素の特定

　実態把握においては、軍縮教育に対する各国の取り組みが本当に軍縮教育の目的に資するものになっているか、明確な基準を定めて精査していく必要がある。同じ軍縮教育と銘打っていても、その内容は各国の実情を反映してさまざまに異なっている。核保有国の傾向としては、核不拡散やテロ対策などが焦点化される一方、核兵器の非人道性を扱ったものは少ないと言われる。他方、日本国内においては広島、長崎の実相に比重が置かれる反面、核をめぐる世界の現状について体系的に学ぶ機会は多くないとの指摘がある。もちろん各国の歴史的背景や政治状況にあわせて軍縮教育の内容や手法がカスタマイズされることは当然であるが、まずは今の時代に求められる効果的な軍縮教育の主要素を特定し、それを基軸に各国での展開を考えることが可能ではないだろうか。

(3) 核被害の経験の活用

　広島、長崎の被爆体験、それから世界各地での核実験の被害など、人類が共有すべき体験をどのように軍縮教育のプログラムに組み込んでいくかは大きなチャレンジである。国連事務総長報告にも、今後開発されるべき新しいフォーマル・インフォーマル教育のカリキュラムに求められる要素として、「被爆者、サバイバーの個人的経験などを通じて、紛争の人間的側面に焦点を当てること」が掲げられた。とりわけ被爆者なき時代が迫る今、世界の核被害の経験、あるいは被害者の声を活用した新しい教育手法や教材の開発は急務であり、一層の知恵と工夫が必要である。SNSなどのコミュニケーションツールや、先端技術を使った取り組みもますます重要になっていくだろう。

(4) 日本における普及

　上記に加えて、日本における軍縮教育の普及活動を想定した際の課題をいくつか挙げてみたい。まずは言語の問題である。国連作成のオンライン講座や資料の多くが英語をはじめとする日本語以外の言語であり、これらを活用するには言語

の障壁を解決しなければならない。反対に日本語で作成した教材等を国際的に普及させる際にも同じ問題が発生する。それから、学校教育以外の場への軍縮教育の普及においてもさまざまなハードルが想定される。日本においては教育といえば学校教育のイメージが先行するが、事務総長報告が述べるように、軍縮教育はあらゆる世代のあらゆる職種の人々が対象となる。外交官、国会議員、専門家、NGOスタッフなどを含め、さまざまな層のニーズに応える軍縮教育の実施が求められている。最後に、ジェンダー平等性の確保も大きな課題である。軍縮や安全保障といったテーマにおいて、日本国内では圧倒的に女性の関与の割合が低い。こうした取り組みに関わるすべての人々の意識改革が必要であろう。

7.おわりに

　以上見てきたように、軍縮教育をめぐっては、その重要性、緊急性にもかかわらず、多くの課題が手つかずのまま残っている状態である。今後、国際基督教大学平和研究所(ICUPRI)と長崎大学核兵器廃絶研究センター(RECNA)は新しい軍縮教育の手法や教材の開発を目指した共同研究を進めていくが、その意義はきわめて大きいといえる。

　研究の成果は、UNODAのような国際機関、また、国内外の自治体やNGOなど市民社会との協力で、国内外に普及を図っていくことが可能であると考える。

　こうした連携の相手として、ひとつには、核兵器廃絶に関心を持つ世界163カ国・地域の8千近い都市が加盟する「平和首長会議」が考えられる。また、長崎県・長崎市・長崎大学の三者で構成される「核兵器廃絶長崎連絡協議会」(PCU-NC)という先駆的な取り組みがすでに存在する。核兵器廃絶というテーマで自治体とアカデミアががっしりと手を繋いだ、他に類を見ない画期的なケースである。軍縮教育の普及拡大に向けても、各国政府、国際機関、被爆地を含む自治体、アカデミアやNGOなどの市民社会といった異なるステークホルダーによる連携強化が今後の成功の鍵を握るだろう。

注

1 2020年1月に、終末時計の針は「100秒前」へと進められた。

参考文献

長崎大学核兵器廃絶研究センター（2019）「世界の核弾頭一覧」2019年6月1日現在. https://www.
　　recna.nagasaki-u.ac.jp/recna/nuclear1/nuclear_list_201906.

United Nations Office for Disarmament Affairs（2018）*Securing Our Common Future: An
　　Agenda for Disarmament.* https://www.un.org/disarmament/publications/more/
　　securing-our-common-future/, 2020年3月1日最終アクセス.

United Nations（2002）"The United Nations Study on Disarmament and Non-Proliferation
　　Education（A/57/124)," 30 August 2002.

学校教育における平和と実物教材の役割

青木 浩幸

　平和を維持・実現するために教育の役割が期待されており、とくに学校教育は子どもたちへの影響力が大きいと考えられている。しかしながら、戦争が身近でない現代にあって、その意義や方法について子どもたちの実状に合わないといった課題が生じてきている。

　本章では教育実践、教育方法論・メディアの教育効果の観点から、平和、軍縮をどのように実現するかということについて考える。第1節では日本の平和教育に関する議論として、教育実践の問題点と問題が生じる仕組みについて述べる。第2節では第1節の問題を踏まえ、平和を実効的に教えるための方法を考えるために、その種の問題に教育学がどう対処してきたのかについて述べる。第3節では長崎にたくさんの遺跡・遺物があることを踏まえ、実物教材と第2節で示した教育方法の関係、および実物教材の課題を克服するために仮想現実・拡張現実といったテクノロジーを利用することの可能性について述べる。

1. 平和教育にまつわる議論

　大戦での敗戦経験を持ち、世界唯一の被爆国である日本では、平和に対して思いが強く、平和教育も熱心に行われていると考えられている。一方で、それが本当に実を結んでいるのかという議論も存在している。この節では、平和教育研究で取り上げられている議論について、文献をもとに紹介する。

議論のひとつは「平和教育の印象」についての問題である。平和教育が子ども達に退屈に捉えられ、嫌悪する感情が広がっていることが報告されている。風間、加治、金（2016: 16）は、以下のような大学生の声を紹介している。

　　平和学習はマインドコントロールみたいに"平和は大事だ。戦争はいけないことだ"と繰り返す。正直"もう、いいかげんわかったよ"となる。大切なのは、どうして学ばないといけないのか、ということ。学んだあとどうするか、です。（以下略）

　これは平和に無関心な学生の声ではなくて、かえって平和を考えようというイベントに集まった学生による発言であった。自分たちが受けてきた教育に不満があり、こんな平和教育ではいけないと、子ども自身が気付いているということである。
　そして、この発言の後半は、裏返せば平和が「自分の問題にならない」問題につながっている。竹内（2011）は、教育学者勝田守一の意見として、「アメリカとソビエトが冷戦をしていた時代に平和問題を『つきつけられても、わたしたちにはどうしようもないほどおおきいのであり』、『どうしようもないほどおおきな問題のまえでは、ニヒリストになるか傍観者になるしかない』」と説明している。確かに戦時中の生活は過酷であり、兵隊がどんなに非人間的かが分かったとしても、それが戦争を起こさないことや、国と国の問題にどうしてもつながらない。そこには大きなギャップがある。確かに戦争はないほうがいいが、戦争をどのようにしてなくすのかということにつながっていない。これは平和への「期待と無力感」につながる。竹内はまた、湾岸戦争時の17歳高校生による新聞への投書を紹介している。

　　学校で「平和憲法」と教わってきた。そして私は、その素晴らしさを誇らしく思ってきた。（中略）しかし、今回の湾岸戦争は、まざまざと現実の厳しさを見せつけた。口で平和を唱えるだけでは、何の力にもならない。結局、腕力がものを言うのだ。「戦後教育」の中身を基本的に疑わなかった私は、価値観の基準を根本から見直さなければならないのだろうか。（朝日新聞1991年3月3日）

歴史漫画では日本国憲法の第9条が輝いて描いてある。そういうふうに素晴らしいものだと、世界に先駆けた誇らしいものだと教わってきた。そう学んできたのに日本は平和的な方法では湾岸戦争で何もすることができない。というように、自分たちが学んできたのは何なのかというのを、この投稿者と同年代である私自身高校時代に感じた経験がある。

そのような教育を受けてきた日本人の意識は果たしてどうなっているだろうか。内閣府の自衛隊・防衛問題に関する世論調査の結果がひとつの参考になる。図表1は「もし日本が外国から侵略された場合にあなたはどうしますか」という質問への回答をグラフにしたものである。

図表1　日本が外国から侵略された場合の対応

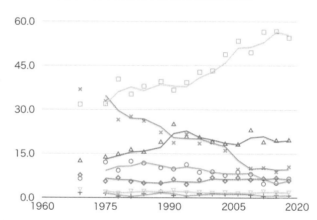

◇　自衛隊に参加して戦う（自衛隊に志願して、自衛官となって戦う）%
□　何らかの方法で自衛隊を支援する（自衛隊に志願しないものの、自衛隊の行う作戦などを支援する）
▽　ゲリラ的な抵抗をする（自衛隊には志願や支援しないものの、武力を用いた行動をする）%
△　武力によらない抵抗をする（侵略した外国に対して不服従の態度を取り、協力しない）%
○　一切抵抗しない（侵略した外国の指示に服従し、協力する）%
＋　その他 %
×　わからない %

（出所）内閣府（2018）より筆者作成

この世論調査は3年毎に行われているものである。調査対象は日本人全体であり、若者には限らないので、教育の効果だけを反映している訳ではない。

基本的にこの調査は自衛隊に対する評価を測っている。「日本が外国から侵略

された場合にあなたはどうするか」という問いに対してひとつ大きく上昇中の正方形マーカー（□）の線は「何らかの方法で自衛隊を支援する（自衛隊に志願しないものの自衛隊の行う作戦などを支援する）」の回答であり、現在では他を大きく引き離した多数になっている。それに比較して「自衛隊に参加して戦う」の菱形マーカー（◇）の線は長年6〜7％ぐらいで推移している。「ゲリラ的な抵抗をする（自衛隊には志願しないものの、武力を用いた行動をする）」の逆三角形マーカー（▽）の線が、もっと低くその半分、2〜3％ぐらいのところにある。他には「武力によらない抵抗をする」が三角形マーカー（△）の線である。「一切抵抗しない」は丸マーカー（○）の線であるが、1980年代は12％ぐらいあったのが今は5〜6％ぐらいになっている。

　そういうふうな流れの一方で、継続的に減少しているのは「わからない」のバツマーカー（×）の線の回答である。1975年、戦後30年ぐらいのときには「わからない」が40％ぐらいあったが、次第に下がってきている。グラフの線が急に変化しているところには、何かしら出来事があったことが予想され、その出来事によって反応は異なっている。変化が大きい1990年代は湾岸戦争の時期であり、その影響として「武力によらない抵抗をする」が増えた。もうひとつの変化がある2000年代にはアメリカの同時多発テロがあった。同時多発テロではあまり「武力によらない抵抗」が増えていない一方で「何らかの方法で自衛隊を支援する」が増えた。「わからない」の回答の時間経過に伴う減少は、進行中のさまざまな事項について「わからない」では済まないという実感が広がっている現れのようだ。それではどうするのかといったとき、平和的な方法を求めるのか、それとも自衛隊のような力に頼るのか。このような情勢も踏まえて、どういう教育をすべきなのか考えていかなければならないといえる。

　池野（2009: 401）は、平和教育は「開かれた民主主義教育」という観点から、その問題点として次の3つを挙げている。

①　心情、情緒に依存し、合理的理解に欠けている

②　特定の認識、価値観、生き方だけに囚われ他を排除する

③　平和を希求することは戦争を無くすことだという短絡的な学習に陥っている

ひとつ目の「心情、情緒に依存し、合理的理解に欠けている」とは、かわいそうであるとか、悲惨だという心情には訴えるが、どうして戦争を起こしたのだろうかとか、あなたが兵隊だったらどうするかといったことを考える力、すなわち合理的理解を育てていないという問題である。

　2つ目の「特定の認識、価値観、生き方だけに囚われ他を排除する」とは、教師側が戦争はいけない、原子爆弾はいけないというような答えを用意して、それを学習者にコピーしようとする姿勢は民主主義教育ではないという問題である。いくらその内容が正しいとしても、それを決めるのは学習者自身であるべきで、教師が答えを持って、こうやって生きることがいいことだ、という価値観を押し付け、他の意見を許さない雰囲気があるとすれば、それは民主主義とは言えない。

　3つ目は「平和を求めること、希求することは戦争を無くすことだという短絡的な学習に陥っている」という問題は、直接的暴力と結びつけた狭い捉え方で、戦争を教えることに終始することについての問題である。

　また、これらの問題に対して、4つの乖離が原因であるとの説明がある(竹内 2011: 7)。ひとつ目は過去の戦争と今日の戦争が乖離している。2つ目は遠くの暴力(戦争・飢餓・抑圧など)と身近な暴力の乖離のことで、これは先ほどの平和を自分の問題として考えられないということに通じる。3つ目は平和創造の理念(平和憲法)と現実の乖離であり、先の湾岸戦争の話に通じる。そして、4つ目はこれまでの平和教育と新しい平和教育の乖離、平和教育にも変化が起きていることを示している。

　ひとつ目の過去の戦争と今日の戦争の乖離とは、戦争構造が変化してきたことを意味している。従来の教育が与えてきた戦争のイメージは「主権国家同士が外交交渉の行き詰まりから宣戦布告をし、正規軍によって行うもの」であったが、最近の戦争はそのようなものよりも、内戦と介入に二極化してきていると竹内は指摘している。内戦とは国家の内部で市民同士が殺し合うことであり、戦争を起こすのは政治家、軍だけではなく、一般市民であったりする。香港は内戦目前といわれ、内戦ではないとされているものの、いつ状況が変わるかは不透明で、そのように捉えると

戦争は身近なところにある。もうひとつの介入は、圧倒的な軍事力を持つ国家や国際社会が軍事的に介入する非対称戦争である。そういう介入の意味であれば軍事力によらない経済力による介入は現在たくさんある。経済制裁は直接人命を奪わないとしても、果たして平和的な方法といえるのだろうか。これらのことを考えると戦争というのを昔の大戦の頃のイメージで捉えることは不十分である。

加えて竹内（2011: 69）による平和教育批判を2つ取り上げる。先の「平和教育の印象」の話につながるが、「悲惨な状況などを子どもたちに印象づけ、それによって戦争への嫌悪感を高め、平和への決意を固めようとしてきた。それは『戦争教育』であって『平和教育』とはいえない。戦争の悲惨さを教えれば平和な世界を築く子どもが育つと考えるのは幻想に過ぎない」という批判である。もうひとつは「戦争の悲惨さを理解するにはよいかもしれないが、戦争について扱うということ、平和な社会を想像し、つくる、創造する力を育てることができない。（途中略）日本では『平和』という言葉とネガティブな概念（戦争・悲惨・死など）が直接つながっているため、平和ということ自体を考えなくなってしまう」という批判である。

子どもとしては自分の考えを正直に答えると他の人からどう思われるかと視線が気になったりする。なかなかそういうことに触れたくないな、としてタブーになるところがある。まずは、そういう内容を扱う場合において、教育として行われていることは、当事者意識を持たせる工夫である。

ひとつは「現在、外国でおこっている事象を自分の問題に置き換えて考える」ことである。まさに今、香港で起こっている衝突にあって自分がそこにいたらどうするかを考えるようなことが例として挙げられる。もちろん学生の立場にもなり得るし、もし自分がそこの行政長官とか、警察のような行政側であったとしても果たして何ができるのか、どうやって事態を解決できるのか、それぞれの立場をロールプレイすることがひとつの方法である。

もうひとつは、戦争は政治家だけの問題ではないということである。戦争はいろいろな分野の関係で考えることができる。例えば、原子爆弾を発明したのは科学者である。その科学者にもいろいろな悩みがあった。科学者にとっての原爆である。

戦争が終わった後に原爆開発に参加した科学者たちが、核兵器に対して反対する立場を表明した人もいる。科学者になる人というのは日本に結構いて、彼らが科学者になったとして政府から何かこのような兵器の開発を依頼されたときに、果たして科学者としてそれを拒否できるかという科学者倫理の問題である。自分が拒否してもまた他にも科学者がいるわけだから、誰かがそれを実現するかもしれない、科学とは真理に近づこうとする営みであり、それは自分にとって人を殺すとかではなしに、科学に奉仕しているだけであって、それを悪く使う人がいるのは自分の問題ではないとか、そういう論理とか議論であればいつ自分に降りかかるか分からない。20年ぐらい前にはそういう社会への影響も踏まえて科学教育を考えようというSTS(Science Technology Society)教育が取り組まれた時代もあった。

　あとは平和をもっと戦争だけにとらわれずに広く考えようという、自分自身の周りで広い意味での平和に関わる問題があるのではないかという視点である。ただし、それは平和教育の大きな一歩であるものの、一方で、道徳教育と似てくることが問題視されている。「自己尊重」とか「人を大切にするルールづくり」というのは平和教育固有というよりは教育本来の課題であって、それは道徳教育に吸収されてしまうのではないか、戦争という国家的国際レベルの問題を日常における平和の問題にすり替えることには無理があるのではないかということを指摘する研究者もいる(竹内, 2011: 63)。

2.平和を教えることの教育学的解釈

　平和をどうやって教えるかを教育学的に考える。まず、平和教育に関わる教科として考えられるひとつは社会科であるが、意外なことに社会科教育は平和教育の役割を果たしてこなかったことが説明されている。学習指導要領作成に関わっている奈須正裕(2018)は、2018年の学習指導要領改訂にあたっての説明として、「戦前には、日本を『神国』とみなす皇国史観に基づき、神話と事実が混在するような歴史が教えられ、それが軍国主義につながったという批判があった。戦後はその反省から、できるだけ価値判断や因果関係を確定せず、事実だけを教える方針

が取られた」ことにより、過去の出来事について評価をしない授業になった、事実を教えて事実について答えるという暗記教科になったと指摘している。この辺はドイツと大きく違うところで、ドイツの教育では二度とナチズム、ナチスを生まないためにはどうするのかということについて考えてきている（田中, 2019）。明らかな敵・批判の対象がいるので、それに対抗して議論するという社会科教育が行われてきたが、それは考えない日本の教育と対照的であった。日本の教育では日本が何をしたかという反省がプログラムにはない。もちろん意思を持ってそういうことを扱う教師も中にはいるだろうが、やはり時代が経っていけば評価を求めない状況設定がある中で、受験のため、大学に受かるための社会科になっていくことは想像に難くない。

　もうひとつの平和教育に関わる教科は道徳である。道徳教育の実践として「正解を設けない」「まとめない」という原則がある。正解がないので評価がなく、かつて道徳は教科ではないとされていた。正解を先生は持ってはいけないよ、先生が授業の終わりにまとめてはいけないよ、というのは、各自がそれぞれ意見を持っているものなのに、まとめるということはある特定の考え方に集約させてしまうことになりかねないことを危惧してのことである。

　例として、電車の中でお年寄りに席を譲るべきかという問いがある。非常に明確な問いであって、子どもたちにとっても理解できる内容であり、譲ることがいいことだとマナーとしても学んでいる。しかし道徳はマナーとは異なり、「先生が何を求めているか」という答え探しになってはいけない。子どもが「こう言ったら先生は喜ぶだろうな」と考えたり、教師に「そのとおり」とか言われたりするようでは建前の議論になってしまって、本当の問題、子どもの本音は解決できないからである。みんなテストでいい答えを書いても、電車の中でお年寄りが立っているという状況がなくなるわけではない。この問題に対して道徳教育は挑戦してきた。

　教育原理のひとつの説明として、クライエント中心療法という心理学の方法がある。簡単に説明すれば、カウンセラーが模範的にこうしたらよいと指導するのではなくて、来談者（治療対象者でクライエントと呼ばれる）の話を聞くことが人格の成長をもたらすという考え方で、それが今の日本の学校教育の基本原理になっている。

そこには自己治癒能力への期待がある。患者は無自覚でも自分で良くなりたいという意志があり、良くなる力を持っているのであって、それをカウンセラーが引き出してあげると治癒能力が発揮できると考える。みんななりたい自分になれるという力を持っていることに期待していて、それには肯定、共感、真実味の3原則がある。

　電車の中でお年寄りに席を譲るべきかの例で考えてみる。そのような場面で、席を譲らない意見も肯定する。どうして席を譲らなかったかという理由として、自分だって疲れていて座りたかったから、もしくは譲るということを言うことが恥ずかしい、以前に席を譲ろうとして断られたことがあったということがあるのかもしれない。これを否定してしまうと、正直な意見は出なくなってしまう。どうして譲らなかったのかを本音で言うことで、何が自分たちの行動を妨げているかを自覚することによって、もしかしたらそのうち行動を変えられるかもしれない。一方で席を譲るのにうまくいった、喜んでもらえたといった成功体験も聞いて、今度そのような場面に遭遇した時にもしかしたら今度は喜んでもらえるかもしれないと、人から言われたからではなく、自分の心で思いつくことを期待するのである。また、コールバーグの道徳性の発達理論も、道徳教育の方法を考える上で大いに参考になる。

　もうひとつ例を挙げると「いじめはいけない、このクラスではいじめは絶対に許さない」という教育が行きすぎるといじめは隠れて見えなくなってしまうかもしれない。いじめのニュースがあると、子どもたちは「いじめをするやつは悪いやつだ」と頭ではわかる。でも、自分がいじめをしたとして自分がその「悪いやつ」だとは思わないものである。悪いいじめをする人格と自分が分離してしまう。なので、どうしていじめをしてしまったのだろうということが正直に言える雰囲気がないといけない。この道徳のアプローチを戦争の事象に適用できるだろうか。自分が当時の日本人になって、どうしてそういう決断をしたのか、その兵隊になって兵隊がどうしてこういうことをしたのか、自分の気持ちとして正直に理由を考えることができるかが重要である。中学校教員の鬼沢（1989）が戦争を題材にするにあたり「当時の日本人は狂っていた」として片付けてしまう中学生が少なくないことを問題視したように、国や兵隊に対して共感できなければ意識が切り離され、自分の問題として考えることができな

いだろう。

　ここで「共感」が大事になってくるが、共感をするひとつの手だてとして戦争体験者との対談・対話・体験談が有用である。戦争被害者の体験談を聞く取り組みがよく見られるが、もうひとつの取り組みとして、加害者として兵隊だったときの話を聞くという実践もある。どうして普通の人々が戦争に動員されて加害者になってしまうのかを考える機会になる。

　ただ、戦争体験というのは時代が過ぎたつにつれて風化したり、体験者がどんどん亡くなってしまい減少したりして戦争体験を継承することは年々難しくなっている。代用としてビデオが考えられるが、求められるのは事実だけではない。その点対話は人の本当の気持ちを引き出すし、真実味がある。人と話してみたら普通の人だったということが分かる。普通の人なのにこんなことをしてしまったという共感は、録画されたものから引き出すことは難しい。本当のものに触れることが大事であることが分かる。そこに実物教材の意義と可能性があると考えられる。

3.実物教材の意義と可能性

　新しい学習指導要領では「主体的、対話的で深い学び」、いわゆるアクティブラーニングが勧められており、教師や教師主導・知識伝達の「教え」から学習者自身による「学び」が強調されている。教師が話す量を減らして学習者による気付きを導く必要がある。教師にいろいろな教材を見せられて学習者は学ぶという受け身ではなくて、学習者自身が探求して学んでいく教育が求められている。その自分自身で探求するときに、実物には可能性がある。実物を使った教育の例にはフィールドワークのような、実際に自分が資料館に行ったり、記念碑に行ったり、墓地に行ったりする活動や、また、遺物を使った授業もあげられる。

　ここでは、中学校社会科の教師、鬼沢(1989)の軍票を使った授業実践を紹介する。

　教師はマレー半島で日本軍が使用した100ドル軍票を生徒に配る。実物はケースに入れて直接触れないようにするが、全員が自由に観察できるコピーも配るように

する。「この変なお札が今のお札とどこが違うのか考えつくだけ書きだしてみなさい」というところからスタートして、何も他には言わない。いつ、誰が、どこで、何のために使ったのかといった質問に教師と生徒が一緒に取り組んでいくと、「Japan Governmentと書いてある」とか、「100ドル」と書いてあるとか、「大日本帝国とか書いている」という気付きが生まれる。日本の漢字もあって、これは戦争中のことだなと生徒が発見していく。何でこれがマレー半島で使われているだろうかという話になる。いろいろな疑問が出た中で教師が解説する。

> 軍隊が占領した国の民衆に押し付けた。このようなものを軍票という。軍票はお札のように見えるが、普通のお札と違って日本軍がお金と交換しなければ使えない。これは日本軍の借金の証文だ。日本軍はこの軍票をいくらでも作って好きなだけ物を買うことができる、ずるい話だ。

「ところで、番号のない、何枚作ったか分からないお金がたくさん使われるとどんなことが起こると思う?」というように話を振り、生徒に考えさせる。こういうものがたくさん出てくると日本軍は得するかもしれないが、じゃあ何が起こるのと、中学生ぐらいだとインフレが起こるとか気付いてくる。実際に記録を見るとインフレしている。物の値段が300倍ぐらいになったとか、そういうふうにして実物を基に、事実を基に学んでいく教育が展開されている。

実物を用いる利点について鬼沢は「授業はこんな一目見てハッとさせるような意外性があり、これは何か知りたいと思わせるモノを教室に持ち込むことがだいじだと思う。モノは具体的であり、この授業を見れば分かるように前提の知識などがいらないので、子どもにとってとっつきやすさがある」と説明している。あらかじめ勉強しなくても、そこからいろんなことが発見できるということは生徒にとって関心を抱くことができ、すぐに取り組めるという利点があるようである。

最後に、仮想現実・拡張現実の可能性について触れる。実物に可能性があるとは言え、すべての人々が長崎とか広島に実際に行くのには困難がある。一方、仮

想現実では実際にその場に行かなくてもその場に行ったかのような体験ができることが特徴である。大事なのは単に臨場感があるということだけでなく、視聴者が自分で見たい視点を選択できるという点である。従来の映像では、撮影者の意図した視点でしか対象を観察することができなかった。このような与えられた視点では学びは受け身にならざるを得ず、提供側の用意した答えを読み取る活動になってしまう。全天周映像はヘッドマウントディスプレイという、ゴーグル型の装置を被って自分が望む方角を見られる。自分が関心を持ったことを追求できることは主体的な学びにつながる点で、実物の活動に近づけられる利点がある。

　さらに仮想現実では、すべてを作り物にするのではなく、現実の体験と仮想体験を融合させることもできる。長崎大学の藤木研究室では「現在と過去をつなぐ視点の獲得」という研究を行っている(藤木他, 2013)。ヘッドマウントディスプレイで3DCGにより再現した原爆投下直後の浦上天主堂を見ることができるが、これに、フィールドワークで実際にそこに行って撮った写真が、そこに表示されるという仕組みになっている。学習者が実際に訪れた風景は、原爆投下直後ではどのような状況だったかを捉えることができる。

　同じく長崎大学の瀬戸崎研究室の取り組みは、タブレット端末で見ることができるもので、擬似的に原爆遺構を巡ることができ、タブレット端末を好きな方向にかざすと、その方向の景色を見ることができる。現実世界に情報を重畳表示する拡張現実のように、風景が見えた中にいろんな解説が埋め込まれているので、そこをタップするとその解説を読むことができる(瀬戸崎・佐藤, 2017)。

　実物教材の可能性は、実物を使うことにより、学習者自身が調べて、思考する探究的な平和教育を実現・展開できることであった。仮想現実を使えば実際にその場に行けない場合や過去の時代でも、疑似体験で探究することができるし、拡張現実では実際にその場に行った場合に、現実世界に解説を追加して学習の支援を行うことができる。中学校社会科の軍票の授業事例でも、観察するだけだと学びは完成していない。軍票の観察で気づいたことから、教師のガイドによって資料と統合することから学びが発生していた。実物だからといって何でも学べるわけでは

なくて、それで何を考えるべきかという支援が必要なのである。その点拡張現実は、実物に対して情報を重畳表示し、ある場所に行ったら、あるものを見たらそこで何を考えたらいいとか、そういうガイドによる支援ができることに可能性がある。

参考文献

池野範男(2009)「学校教育における平和教育の課題と展望:原爆教材を事例として」『IPSHU研究報告シリーズ』Vol.42, pp.400-412.

伊藤宏二,清水啓行(2010)「我が国における『過去の克服』と歴史教育」『静岡大学教育学部研究報告』Vol.41, pp.9-24.

鬼沢真之(1989)「魔法の紙片—軍票—」藤岡信勝,石井郁男編『ストップモーション方式による1時間の授業技術 中学社会・歴史』日本書籍, pp.139-151.

風間孝,加治宏基,金敬黙(2016)『教養としてのジェンダーと平和』法律文化社.

瀬戸崎典夫,佐藤和紀(2017)「平和教育実践における全天球パノラマVR教材の効果的な活用に関する検討」『教育メディア研究』Vol.23, No.2, pp.15-24.

竹内久顕(2011)『平和教育を問い直す—次世代への批判的継承』法律文化社.

田中史一(2019)「『ナチスの犯罪と同様のことが起これば私たちの責任』考える人間を育てるドイツの歴史教育」Exciteニュース, https://www.excite.co.jp/news/article/E1545058604091/, 2019年6月13日最終アクセス.

内閣府大臣官房政府広報室(2018)「自衛隊・防衛問題に関する世論調査、世論調査報告書」, https://survey.gov-online.go.jp/h29/h29-bouei/index.html, 2019年12月5日最終アクセス.

奈須正裕(2018)「社会科が変わる!『暗記教科』から『最も使える教科』へ 新学習指導要領」ベネッセ教育情報サイト, https://benesse.jp/kyouiku/201804/20180406-1.html, 2019年10月1日最終アクセス.

藤本卓,川上博之,寺嶋浩介,小清水貴子(2013)「児童生徒の被爆遺構巡りによる現在と過去をつなぐ視点獲得を支援するVRを用いた学習環境の開発と評価」『日本教育工学会論文誌』Vol.37, Suppl., pp.121-124.

平和教育の新展開

西村 幹子

　本章では、これからの平和教育を考える際に必要な教育の役割の原点に立ち返り、その意味と平和に貢献する教育のあり方について論じることを目的とする。まず、第1節で国際的な観点から、持続可能な開発目標(Sustainable Development Goals: SDGs)において提示されている教育のあり方について概説し、第2節では、第1節で論じた教育のあり方を達成するための諸条件について論じる。第3節では、高等教育の役割として、新たな平和教育の実践としての潜在性をもつサービス・ラーニングについて論じ、最後に第4節で結論を述べる。

1.SDGs時代の教育

　1990年代から国際的に共有されてきた学習の意味には、「知ることを学ぶ」、「為すことを学ぶ」、「共に生きることを学ぶ」、「自らのあり方を学ぶ」の4つの柱がある(UNESCO, 1996)。この学びの柱は、平和教育においても知識、行動様式、態度、価値など、共生社会のために必要な要素を提示している。しかし、この4つの柱には、学習はそれ自体が肯定的であり、現状の教育を再生産することが社会にとって好ましいという前提があった。他方、複雑化する国際社会の課題や教育が不平等を再生産したり、不寛容から暴力を引き起こしたりする可能性がより注目されるようになった。そして、社会のあり方自体に批判的な目を向け、それを変革するという目的を持った学習のあり方が求められるようになった。このような経緯で2010

年に加えられた学びの柱が、「自分自身と社会を変革することを学ぶ」である（UNESCO, 2010）。教え方、学習の仕方、学習の内容のすべてにおいて、教育は何を目指すのか。それ自体を問い直すことが学びの柱に入ったことは、世界の教育のあり方に大きな変革を迫るものである。

　これらの学習の柱の先にある教育が目指す目標は何であろうか。国連教育科学文化機関（ユネスコ=UNESCO）は、それを民主的な参加、人間開発、生涯学習であるとし、その最も先の目標を平和な地球社会と据えている（UNESCO, 1996）。つまり、すべての学習は平和な社会の構築につながらなければならない、というのがUNESCOの示す規範的な意識である。

　2015年9月に国連で採択された2030年までの持続可能な開発目標に示される教育のあり方も、2000年〜2015年に目指されていたミレニアム開発目標（Millennium Development Goals: MDGs）と大きく異なっている。MDGsに掲げられた教育目標は基本的に開発途上国における質の高い基礎教育へのアクセスという量的拡大のみを目指していたが、SDGsはすべての国を対象として何のために何をどのように学ぶのか、という視点を提示している（西村, 2019a）。SDGsはMDGsで示された基礎的な学習の有効性を主張しつつも、新たに目標4.7として、持続可能な開発、持続可能なライフスタイル、人権、ジェンダー平等、平和と非暴力の文化、グローバルシティズンシップ、文化的多様性と持続可能性への文化の貢献といった新たな価値に必要な知識とスキルを身につけることを目指している。無論、それぞれの価値は各国、各社会の文脈において理解され、具体化されるものであるが、国際的にこのような教育の価値を共有したのはおそらくSDGsが初めてであろう。

　UNESCOは21世紀に必要な教育のあり方について、グローバルシティズンシップという概念を用いて学習成果を認知、社会的情動、行動の3つの領域で示している（UNESCO, 2015）。図表1に示すとおり、3つの領域においてそれぞれ重視されている観点を見ると、認識的な次元での批判的な思考力や複雑な課題に対する分析力だけでなく、共感力、連帯意識、相違や多様性の尊重といった情動的な側

面と社会変革に必要な行動としての態度や動機の形成が重要視されていることが分かる。つまり、SDGs時代の教育とは、これまでの教育内容に対する追加的価値あるいは追加的な科目や単元としての平和教育という捉え方ではなく、規範としての知識やスキルに加え、それを行動変容や社会変容につなげることを重視する視点をもっている。

図表1　グローバルシティズンシップ教育における学習成果、学習者の特質、学習トピック

領域	認知	社会的情動	行動
学習成果	1. 地域、国、グローバルな課題と異なる国々の相互関連性と相互依存性に関する知識と理解 2. 批判的思考と分析のためのスキルの発達	1. 人権に則り、共通する人間性への所属意識と価値と責任の共有を経験する 2. 相違と多様性に対する共感、連帯、尊重の態度を発達させる	1. より平和で持続的な世界のために地域、国、グローバルなレベルで効果的に、責任感をもって行動する 2. 必要な行動をとる動機と意思を発達させる
学習者の特質	情報を得て、批判的に読み書きができる ・地域、国、グローバルな課題、ガバナンスシステムと構造について知る ・グローバルな課題と地域の課題の相互依存と接続を理解する ・批判的な問いと分析のためのスキルを発達させる	社会的につながっており、多様性を尊重する ・アイデンティティ、関係、所属意識を育成し、管理する ・人権に基づいた価値と責任を共有する ・相違と多様性に感謝し尊重する態度を発達させる	倫理的に責任があり行動している ・適切なスキル、価値、信条、態度を行動で示す ・平和で持続的な世界のために個人的、社会的な責任を示す ・共通の目標に対する動機と意思を発達させる
学習トピック	1. 地域、国、グローバルなシステムと構造 2. 地域、国、グローバルなレベルにおけるコミュニティの接続 3. 重要な仮定と力の力学	4. アイデンティティの諸レベル 5. 人々が所属する異なるコミュニティとそれらの間の接続 6. 相違と多様性の尊重	7. 個人的、集団的に取りうる行動 8. 論理的に責任のある行動 9. 積極的な関与と行動

（出所）UNESCO（2015）より筆者作成

2.平和教育の諸条件

　教育と社会の一体性の問題を裁定することができるプロフェッショナルな機関が世界には必要である。教育は、ほとんどの場合、各地域の権限下での責任とされるべきである。しかし、また同時に、その示唆は地域社会よりも広いということを認識しなければならない。

Henyeman (2003: 36-37)

　平和教育は、平和のために必要な変化を達成することはできない。むしろ、教育は学習者が変化を達成できるように準備するのである。

Cabezudo and Haavelsrud (2007: 296)

　平和教育の定義は種々存在するが (Cabezudo and Haavelsrud, 2007)、その定義や内容を概観する前に、教育と権力、教育と排除と包摂との関係について理解しておくことが重要である。平和教育を志す多くの人びとにとって、教育は人びとに良い影響を与えると発想する場合が多いかもしれないが、教育は平和に対して正にも負にも働きうる諸刃の剣であることを忘れてはならない。

　一般的に、組織された正規教育の社会的機能には、社会化、選抜と配分、正当化が含まれる。社会化は、社会で必要とされている知識、行動様式や価値を獲得していく過程である。選抜と配分の機能とは、学歴社会に代表されるように、本人の能力と努力によって得られた業績に応じて個人を異なる社会的地位に配分していく機能のことであり、教育制度がこの役割を果たす社会は多い。最後に、正当化は、選抜と配分の結果、生じる社会における不平等を正当化する機能を持っている。しかしながら、重要な問いは、これらの3つの機能は社会において有機的に機能しているのか、ということである。多数派の持つ社会的規範や行動様式が社会化の中で強調される一方で、少数派の持つ規範や行動様式や文化の多様性が尊重されない場合、社会の中で排除の論理が働く。また、教育制度の選抜と配分が、特定の能力や態度に関する測定や判断に偏っている場合、それらに適

合しない能力が過小評価される。どのような能力観の下に選抜と配分を行うかは、社会における不平等を正当化できるか、という点と密接に関わる。教育は社会における不平等を正当化するだけの公正な選抜と配分を行えているのか。ある特定の集団が不利になり、排除されていないか。こうした疑問は、平和を作り出す文化を醸成する教育のあり方とも呼応している。教育は多数派集団に対しては有機的に機能すると同時に、特定の集団に対しては著しく否定的に機能することがあるのである。

　また、教育は、より直接的に平和を壊すことにつながる場合がある。教育における特定の集団の排除、分離、差異化は、日本を含む多くの国で行われてきた方法である。アフガニスタンのタリバン政権下における女子教育の禁止や戦前の日本における高等教育への女子の入学拒否などは排除に当たる。分離は、ジェンダー、社会経済的地位、人種、言語等により、教育制度の中で別々に学ぶことを指す。例えば、英語圏アフリカにおける植民地時代や南アフリカのアパルトヘイト時代の教育においては、人種による分離が自明視されていた。差異化は、同じ学校の中にいても異なる内容の教育を受けたり、異なる扱いを受けたりすることを指す。日本では1990年代初頭まで女子は家庭科、男子は技術を履修するというように、社会における性別役割分業を反映した教育の差異化が行われていた。教育は、個人の意思や個性によらず、集団を序列あるいは差異の規範とすることにより社会の異なる集団の間に分断を生み出すことがあるのである。

　この分断を生み出すことに寄与しやすいのが、「隠れたカリキュラム」である。これは、カリキュラム、シラバス、学習指導要領、学校要覧等のいわゆるカリキュラムを構成する明示的な教育実践方針には示されていないが、生徒や学生が教育の過程で受ける暗示的なメッセージを出すものである。例えば、教室内の配置、教師の生徒／学生との関わり方、制服等の服装等、学校生活の中で自明視されているが、そこには従うべきとされる特定の価値規範や行動様式、権力関係に関するメッセージが埋め込まれている。隠れたカリキュラムは、学校教育における社会化や選抜と配分に大きな影響を及ぼす。例えば、現在も、南アフリカのある大学では、

ある科目が英語とアフリカーンス語で別々に実施されている。言語によってクラスが分かれることにより、白人はアフリカーンス語、黒人その他は英語のクラスに分離される。そして、アフリカーンス語の授業内では試験の内容について細かく説明があるのに対し、英語の授業内ではそのようなことが行われない。また、男性らしさ、女性らしさといった教師が持っているジェンダー規範に従って生徒／学生を指導しようすることや男女別名簿、男女2種類の制服といったものも隠れたカリキュラムである。こうした隠れたカリキュラムが正規の教育制度において日常的に特定の人種やジェンダー・セクシュアリティに属する人々への無配慮によって非意図的に差別や格差を助長している。

　それでは、どのような場合に教育は平和教育のために機能するのであろうか。教育には、正規教育、ノンフォーマル教育、インフォーマル教育という形態がある。正規教育は、国公立私立を問わず、政府が定める規定に従って供給されている正規の学校教育のことである。ノンフォーマル教育は、正規教育の定義には厳格に対応していない組織的かつ持続的な教育活動を指す。開発途上国では政府に代わり、非政府組織（Non-governmental Organizations: NGO）が学校を運営したり、成人識字教育や職業教育を組織的に行ったりしているが、これもノンフォーマル教育に当たる。日本では塾や習い事等の教室が含まれる。インフォーマル教育は、組織化されていない教育活動で、家庭教師、遠隔教育、美術館や博物館での教育等がこれに当たる。正規教育は、マクロな政治構造の中で是とされる目標、主観、政策を再生産するため、政府の意図が反映される。その意味で、既存の社会における権力構造を反映しがちである。ノンフォーマル教育とインフォーマル教育は、政府の意図や画一性に比較的影響されずに、より柔軟に現実の状況に即して概念や実践的なスキルを学び、発達させることができる。

　平和教育はどの教育の形態でも可能であるが、上記のような教育形態の特徴のために、ノンフォーマル教育の文脈において最も活発である。ブラジルの教育活動家であり哲学者であったパウロ・フレイレ（Freire, Paulo）は、教育は単に知識の伝達手段ではなく、社会的な生産活動であるとした（フレイレ＝三砂訳, 2000）。フレイレは、

教師が正しい知識を生徒に与え、生徒はそれを再生産することを良しとする一方向かつ系統立ったカリキュラムに基づく正規教育を、まるで学習者の空の頭に貯金をしていくような「銀行型教育」と呼び、それは本来の教育や学習の意味とは異なると批判した。そして、学習者も社会の生産過程の一部として参加し、自主性、主権、意思決定権を伴う民主的な生活を送ることができるような自由が与えられなければならない、とする。このような文脈で行われる教育は、権威主義、何らかの操作、階層的な関係、ある特定の個々人あるいは集団から他の個々人あるいは集団に対する力による統制への拒否を示唆することもある。それによって社会的な知とシステムを新たに生み出そうとする教育が可能になるというのである。

　平和教育の内容は多岐にわたるが、主に5つの特徴を持っている。第1に、直接的、構造的、文化的な暴力を明らかにすることである。直接的暴力は武力や身体的、精神的な暴力であるのに対し、構造的暴力は経済格差や社会的不平等等、直接的暴力を生み出す構造を指す。文化的暴力はアイデア、イメージ等に関連した暴力で、ヘイトスピーチなどがこれに当たる。第2に、問題と暴力の根源を診断することである。これは各文脈の問題分析に当たり、批判的思考力が求められる。第3に、参加と対話による学習は平和教育の重要な要素である。平和教育とは知識や規範の伝達ではなく、学習者がそれらを生み出す当事者となることによって、学習者自体が主体性をもって社会を変革する意識を持つことが重要である。第4に、教師や指導者が提示した概念や意味を自らの生活の知と融合して再定義し、行動に指針を与えることである。これをフレイレはプラクシス（praxis）と呼ぶ。理論と実践の融合ともいえる。第5に、社会変革という視点で自らの状況を考える能力を強化することである。

　東アジアの多くの平和教育は、規範的な価値や道徳観に焦点を当てる。平和は素晴らしく守るべきもので、戦争や核兵器は悪いというように、規範的な知識として価値を伝達する傾向にある。しかし、平和をより自分のこととして認識し行動するためには、自分は何を目指すのか、どのような社会変革を求めるのか、そしてその社会変革はどのように自らの生活に影響するのか、という問いを立てることが重要

である。平和の諸問題を単に善悪で判断すると、自分とは切り離した規範的なテーマとなり、学習者に対して直接的な意味を持たなくなってしまう。

　本章の冒頭で述べたグローバルシティズンシップ教育や社会変革をもたらす教育に関連して、最近の研究では東アジアの特徴が指摘されている。具体的には、東アジアは社会適合(conformity)を尊重する社会であり、平和教育やグローバルシティズンシップ教育は個人の道徳心と自己研鑽を基調として、個人の態度に焦点が当たりやすいとの指摘がある(Hoffman, 2015; Sim, 2016)。善悪や他者に対する好ましい行動を重視する傾向にあり、社会的正義や批判的思考といった概念が薄いため、地球規模の課題についても人道的な見地からの議論が多く、自らが利害関心に絡んでいたり、妥協したりするといった現状批判的な観点については議論されることが少ない。現状に照らしてどのような社会変革を目指すかというマクロな論理的思考よりも、どのような人になりたいか、というミクロあるいは個人レベルの共感的な観点から道徳的な教育が行われる。

　図表2は、東アジアの特徴を図式化したものである。東アジアの認知的スキルは、PISA等の国際学力調査が示す通り、高い成績を誇っており、社会情動的学習については、道徳心、自己研鑽、共感力の醸成により力が入れられている。しかしながら、社会適合が自己研鑽、道徳心、共感力を支持する一方で、行動変容に課題がある。なぜこの問題が起きていて、どのような社会や社会変革をなぜ目指すのか、といった社会的正義や批判的思考を伴う俯瞰した視点を持つことが課題である。

図表2　東アジアにおける教育実践の課題

```
                    ┌──────────────┐
                    │  道徳心       │
                    │  自己研鑽     │
                    │  共感力       │
                    └──────────────┘
                          ↑
   ┌─────────┐        ⇕      ┌─────────┐
   │ 認知的   │  ⇔         │ 社会情動的 │
   │ スキル   │            │ スキル    │
   └─────────┘            └─────────┘
             ┌──────────┐
             │ 社会適合  │
             └──────────┘

                  ┌──────────┐
          ↘       │ 行動変容  │      ↙
                  └──────────┘

                          ┌─────────────┐
                          │ 批判的思考    │
                          │ 社会的正義    │
                          └─────────────┘
```

(出所)筆者作成

3.高等教育の役割―サービス・ラーニングの可能性

　前節までは、主に学校教育の役割と平和や社会の変革を目指す教育のあり方における課題を教育社会学の観点から概観したが、高等教育は平和に対してどのような役割を果たすだろうか。本節では、20年以上にわたり国際基督教大学が取り組んできたサービス・ラーニングを例にとり、UNESCOの新しい学習概念である個人と社会の変革のための学習という観点から高等教育のあり方について論じたい。

　サービス・ラーニングは、地域社会およびグローバルレベルにおける市民的参加やコミュニティへの関与を通して社会的不平等の諸問題を是正するようなサービスに従事することによって、学生たちが自らのあり方、価値の置き方、物事の認識の仕方や方法論、生き方を見つめ直すことを可能にする学習形態ということができる

（西村, 2019b; Nishimura and Yokote, 2019）。定義は国や地域、大学により異なり、アメリカでは学術的なカリキュラムの中に位置づけられ、特定のコミュニティニーズに応えることにより、専門やコースの内容についてより理解を深め、市民的責任感を醸成することに主眼が置かれている（Bringle and Hatcher, 1995）。他方、アジアでは、必ずしも大学のカリキュラム上の単位として行われるものではなく、よりコミュニティのニーズに実践的に応えることにより学生の社会サービスへの関与を強めること自体に焦点が当たっている場合が多い（Chan et al., 2016）。

　国際基督教大学においては、サービス・ラーニング・プログラムはカリキュラムの中に位置づけられており、日本国内外において、30日以上の無償のサービス活動を行うのであるが、その前にサービスにおいてどのような課題に取り組み、自らの関与のあり方、立ち位置等を決めるのか、という振り返り（リフレクション）の方法を学ぶ。学生たちは、毎日、ジャーナルをつけ、自らの行動を振り返り、コミュニティと自分との関係性や課題に対する自らの態度や行動様式に対する振り返りを基に再構築しながらサービス活動を進める。この意味で、自らのあり方、価値観、認識を問い、実践的にも学問的にも何をどのように知ることができるのか、という方法論にも結びつけていく。

　平和教育との関連では、長崎大学との共同プログラムとして、2019年より長崎でサービス・ラーニング・プログラムを実施している。2019年8月にはユース・ピース・フォーラムを組織化する準備や長崎市における事務作業補助、学校訪問、研究会への参加、長崎大学の教員とのリフレクション、平和祈念式典への参加や通訳業務等のサービス活動を行った。参加した2人の学生のレポートには以下のような記述がみられる。

　　事務局長のAさんから、被爆体験を語っていただく機会があった。私が、今後どのような方法で継承活動を進めていくべきかと質問した時に、Aさんは「被爆者や戦争体験者の戦争体験をただ、コピーアンドペーストで伝承しても意味が無い」とおっしゃった。Aさんのこの言葉をきっかけに、私はただ戦争体験

の継承を推進するための取り組みや方法にだけとらわれ、本来の戦争体験を継承する意義に目を向けていなかったことに気がついた。戦争を継承するためには、まず戦争というものを自分のこととして捉える必要があることを学んだ。では、どうしたらその意識を持つことができるのかという新しい問いが活動を通して生まれた。(学生A)

長崎でのサービス・ラーニングを振り返ったとき、常に「平和とは何か。人々はどのようにして核兵器廃絶を実現できるか」という疑問が浮かぶ。長崎で活動するまでは、理由もなく平和は良いものだと思ってきた。深い理解や目的を持たないまま、平和は素晴らしいものだと信じていた。長崎では、なぜ人々は平和を望むのかについてのより広い見解に触れることができた。答えに容易にたどり着けないが、平和に対する自分自身の答えを見つけること自体が貴重であることに気づいた。(学生B)

　学生A、Bともに課題に対してオーナーシップを持つことの重要性を学び、自らの課題に対するポジショナリティ(立ち位置)が変化していた。平和は守るべきもの、という規範的な価値意識から、平和とは何か、自分は何のためになぜ戦争の記憶を継承するのか、という当事者意識と批判的思考が醸成されている。
　図表3に示すように、国際基督教大学ではサービス・ラーニングの学習成果に関するルーブリックを2019年より作成し、学修評価に用いている。5つの学習成果の範疇に対して13の能力を特定しているが、図表2で概説した3つの領域に分類すると、行動的な側面が弱いことは否めない。行動変容を30日のサービス活動だけで達成するのは困難であるが、リフレクションの中で日々の活動を振り返ることで自らのポジショナリティを認識し、自らのあり方や行動の仕方を見直すことを繰り返すことにより、長期的な行動変容をもたらすことができる可能性を秘めている。従って、今後、学生の行動変容についても年単位のフォローアップ調査を実施することを検討している。

図表3　サービス・ラーニングの学習成果に関するルーブリック

範疇	能力	領域
問いと視点	トピックの選択	認知的
	課題の説明	認知的
アイデンティティと関係	コミュニティと文化の多様性	認知的／社会情動的
	市民的アイデンティティとコミットメント	社会情動的／行動的
	市民的コミュニケーション	社会情動的／行動的
振り返りと分析	知識の分析	認知的
	ポジショナリティ（立ち位置）	認知的／社会情動的／行動的
	リフレクション（振り返り）	認知的／社会情動的／行動的
統合的な学習	移転	認知的
	経験との接続	認知的／社会的情動
学習の発表	発表の構造	認知的
	言語	認知的
	情報源および根拠	認知的

（出所）筆者作成

　サービス・ラーニングが行動変容という学習効果を発揮するための挑戦は多い。一方的な救世主コンプレックスは、特に開発途上国への協力に携わりたいと考える学生には極めて一般的な現象である。自分は貧しい人あるいは弱い人を救ってあげたいと思う気持ちは共感力を示しているようであるが、実際には自分のポジショナリティ（立ち位置）を課題の外に置き、彼（女）らの問題としているところに限界がある。この場合、当事者意識とは切り離されたところにサービス動機があるため、帰国後に国内の同様の課題解決に関わろうとする動機は生まれにくい。貧困の現実を見てみたい、異なる文化圏に生きる人びとの生活を覗いてみたい、という文化的ツーリズムもまた、課題はすべて自らの枠組みの外にあるという認識に根差し、対象社会の価値意識や物事の捉え方を無批判に受け入れてしまう傾向にある。このような立ち位置でサービス活動を行う場合、学生たちは現地で何もできない自分に愕然とし、虚無感を抱えて帰国する。ただし、それを自らのあり方や課題との関わり方にどうつなげるのか、という段階では、ポジショナリティの変化が求められる。

　もうひとつの典型的なタイプは、ポジショナリティを自らの立ち位置ではなく、立場

（＝地位）と捉えてしまう学生である。この場合、自分は学生で基本的に「無力」であり、専門家でもない「立場」で、コミュニティに対して何もできない、ただ与えられた仕事をすることがサービス活動であると解釈してしまう。このような態度はアルバイトとサービス活動の違いは金銭の授受の有無でしかない、という捉え方につながり、課題に対する当事者性だけでなく、課題それ自体への関わり方が消極的になってしまう。これは、フレイレのいう社会的な生産過程に関わることができない状態である。長年にわたり教師が正しい知識を与える側であり、生徒はその「正当な知」を受け取り再生産することにより評価されることに慣れてしまうと、無批判に与えられたものを受け取るという消極的なポジショナリティが生まれてしまう。

　存在論、価値論、認識論、方法論を複合的に学生に問いかけながら、知を作り出すことへの参加意欲を育てることは容易ではない。経験的学習を通して理論と実践を行き来する中で、プラクシスを実践する方法についてさまざまな工夫と適切な評価が必要であろう。教科書で勉強することに慣れた学生たちに対して、自らの心で経験したことと学術的に表象された先人の知恵との対話を促すことは至難の業である。一般教育の中で、自らの経験を学術的な概念や理論に照らしてどのように解釈できるか、というテーマを投げかけた途端に、学生たちは教科書的な概念整理の一般化に集中してしまい、自らの経験がそこで埋もれてしまう。学習形態がこれまで感情的な心の動きを伴う実体験と分離してきたことの現れであろう。

4. 結論

　開発途上国だけでなく、地球規模で公正、包摂、持続性を問い直すSDGsを掲げる世界において、自らと社会を変革するための教育が現在の国際目標や政策対話の潮流の中で求められている。この中で理想とされる学習者は、既存の権力構造や排除に対して積極的に理解を深めながら批判的な思考をし、社会を再構築していこうという姿勢を持ち、行動に移す者である。しかしながら、平和教育は非常に文脈的であり、政治的、社会的、文化的な影響を大きく受けるため、このような学習者になる過程は容易ではない。とくに東アジアにおける教育は、認知的、社会

的情動の領域と行動変容との接続において課題を抱えている。経験的学習過程の深い理解とスキルと行動の連続性の欠如をいかに補強するかに関する方法論の調査研究が急務である。

　また、教育機関にも、自らと社会を変革する教育の学習成果をどのように理解し、制度化し、評価できるのかについての真摯な議論が求められる。認知的、社会的情動の領域において優れているとされるアジア型教育の中に、行動の領域をどのように位置づけることができるか。これが今後の平和教育を考える際には本質的な問いであり、重要な挑戦である。

参考文献

西村幹子(2019a)「第17章　効果的な学習環境」北村友人・佐藤眞久・佐藤学編『SDGs時代の教育—すべての人に質の高い学びの機会を』学文社, pp.246-259.

西村幹子(2019b)「生き方を問う学びの深化を目指して」『The ICU学報』No.44, pp. 13-14.

フレイレ・パウロ(三砂ちづる訳)(2010)『被抑圧者の教育学』亜紀書房.

Bringle, R. G. and Hatcher, J. A.(1995) "A Service-Learning Curriculum for Faculty", *Michigan Journal of Community Service Learning*, No. 2, pp. 112-122.

Cabezudo, H. and Haavelsrud, M.(2007) "Rethinking Peace Education" in Webel, C. and Galtung, J., *Handbook of Peace and conflict Studies*, London & New York: Routledge, pp. 279-286.

Chan, K., Ng, E., & Chan, C. C.(2016) "Empowering Students through Service-Leaning in a Community Psychology Course: A Case in Hong Kong", *Journal of Higher Education Outreach and Engagement*, Vol.20, No. 4, pp. 25-35.

Henyeman, S. P.(2003) "Education, Social Cohesion, and the Future Role of International Organizations", *Peabody Journal of Education*, Vol.78, No. 3, pp. 25-38.

UNESCO(1996) *Learning: The Treasure within*, Paris: UNESCO.

Hoffman, M.(2015) "What is an Education for Sustainable Development Supposed to Achieve—A Question of What, How, and Why", *Journal of Education for Sustainable Development*, Vol.9, No. 2, pp. 213-228.

Nishimura, M. and Yokote, H.(2019) "Service-Learning as a Means to Understand Socio-economic Privilege, Inequality, and Social Mobility" in Sanger, C. S. and Gleason, N. W., (eds.), *Diversity and inclusion in global higher education: Lessons from across Asia*, Singapore: Springer, pp. 183-207.

Sim, H. R.(2016) "Global Citizenship Education in South Korea through Civil Society Organizations: Its Status and Limitations", *Asian Journal of Education*, No.17, pp. 107-129.

UNESCO (2010) *Teaching and Learning for a Sustainable Future: Module 4 Reorienting* Education for a Sustainable Future, Paris: UNESCO.

UNESCO (2015) *Global Citizenship Education: Topics and Learning Objectives*, Paris: UNESCO.

21世紀のリベラルアーツ
—時間の意味論からの課題と展望—

首藤　明和

　21世紀のリベラルアーツの課題と展望を、ニクラス・ルーマン（Lnhmann,Niklas）の社会システム理論を手掛かりに、その時間の意味論から考えてみたい。

　21世紀地球社会の各社会領域（政治、経済、法、芸術、科学、宗教、道徳、教育など）では、領域相互の刺激と依存の高まりとともに、領域ごとの展開もまた加速度的に深まっている。言うまでもなく、これら社会領域の展開は一国にとどまらず、世界の一層の複雑化と構造的に連動している。複雑性は意味（meaning）と併行関係にある。意味は、現実性（実現したもの）と可能性（潜在的なもの）との差異の体系（偶然と必然の絶対矛盾的統一）で、それゆえそもそも流動的であるがゆえに、人間に対しては、決定・選択を通じて現実性を再生産しつつ、あるものを処理したり操作したりすることを、絶えず求めることになる。

　学問も決定・選択にかかわっており、それが新たなリスクをたらすことは、近代科学の中で、もはや周知の事実である。すなわち、「現在における決定」への「未来の依存」が高まると同時に、「現在からみた未来」と「未来における現在」との差異は拡大する。「未来」の規定不可能性は、それぞれの「現在」において下される決定への依存性に求められる。こうして、現在と未来の循環的な結びつきは、必然的にリスクをともなう。

　これらのことを念頭に置けば、21世紀のリベラルアーツが目指すべき姿とは、問題と解決策とのあいだの厳密な因果関係を見出すことよりも、むしろ、地球社会において何が根源的な問題なのかを、古典・書籍および現場での創造的実践を通じ

て洞察しつつ、問題と解決策との間の多様な関係を比較・観察し、決定・選択における多様な解を拓くことである。この意味で21世紀リベラルアーツとは、その生きとし生けるものに対する地球規模での浸透と一般化を、学知の多中心的多様化の中で推し進めていくものとなる。

1. 21世紀リベラルアーツの「ありそうになさ（非蓋然性）」の公理

　科学的理論には2つの理論的アプローチがある。ひとつは、完全や健全や最適条件などを仮定して、そこから逸脱する現実に着目して、現状のあるべき改善の方途を見いだそうとする。これは、今は完全ではないが、知識を積み重ねていけばより完全なものに近づいていき、より理想的な社会を実現することができるというベーコン（Bacon, Francis）やその後継者の思想の系列である。そこでの知識は、不備を取り除き、漸進的に人びとの生活条件を改善するものと捉えられている（Luhmann, 1990: 86=2016: 51-52）。哲学者のハーバーマス（Habermas, Jürgen）は、近代を「未完のプロジェクト」であると表現した。要するに、まだ達成されていない近代のプロジェクトとしてコミュニケーション的理性の中で理想的な社会を実現するためには、さらに確かな知識を積み上げていく必要があると主張する。日本の学校教育の社会科の学習指導要領は、どちらかといえばこうしたアプローチに立っている。

　もうひとつの理論的アプローチは、「ありそうになさ（非蓋然性）」の仮定に基礎を置く。こちらは、日本の社会科の学習指導要領には取り入れられなかった。非蓋然性（improbability）に基礎を置くというのは、前述したように、今ここにあるのは非常にあり得ないものが現実として起きているという考え方である。例えば、世界は広く数十億もの人口があるのに、なぜ今、私たちはここに集まっているのか。それは当たり前のものとして見ない方がいい。あり得ないことが実際に起こったのは、どうしてなのか。このあり得なさをあり得るものにする社会の仕組みは何かという理論的アプローチである。つまり、型通りの予期や日常生活の確実性を一時脇に置き、いかにして本質的に非蓋然的な諸関係がそれにもかかわらず可能であり、そして実際高度な蓋然性を持って生ずることが期待できるのかを説明することから出発する。

ホッブズ(Hobbes, Thomas)の政治理論やカント(Kant, Immanuel)の探究などが、この思想の系列である。ホッブズの『リヴァイアサン』では、秩序は与えられるものではない。しかし、あり得ないものがいつしか秩序として成り立つことがあるとすれば、一体どういうことなのか。カントの探究も、経験知＝総合知を疑い、その知の前提条件を考察する超越論的認識論を展開した。この理論タイプの主要論点は、実践的改善にはなく、「あらゆる改善に先だって生起するひとつの理論的問題、すなわちいかにして不可能なものを可能なものへ、非蓋然的なものを蓋然的なものへと変換するひとつの秩序が創出されうるのかという問い」にある(Luhmann, 1990: 86-87=2016: 53)。

　今ある現実の世界は常に「別様の可能性<ruby>コンティンジェンシー</ruby>」と隣り合わせであることを示して、徹底的にオルタナティブを考えていくのがこの科学的アプローチである。同時に、別様の可能性を「問題」(一定の条件からの可能性の制限)として探究することで、比較に基づく「機能的等価物の索出」(Luhmann, 1984: 83=1993: 83)を可能にする。今はこうだが他にもさまざまな可能性があることを問題として取り出していく。要するに、社会を現象として観察するのではなく、社会を問題として取り出していく。入学試験問題を見ればわかるように、無限に解答があると問題としては成り立たない。小論文でさえある程度の模範解答を作らざるを得ない。すなわち、理論的な意味での問題とは、一定の条件から可能性を制限して探究することで、比較に基づく機能的等価物を探すことができるという考え方である。

　比較は学問の根本である。なぜ比較が重要かというと、問題を立てたときにその解は多様であるべきだからである。平和教育でもある特定地域を選んで比較分析することができる。例えば、朝鮮半島の核問題について中国ではどのように考えられ取り組みがなされているのか。北朝鮮は核保有をしているといわれているが、戦争状態になっているわけではない。中国は北朝鮮が核保有したことを後悔している面もある。安全保障というと日本人は日本からの視点、あるいはアメリカの視点から見がちである。中国から見れば、1992年中韓国交正常化が北朝鮮にもたらす影響を軽く考えてしまった。そのことが北朝鮮の核開発と核保有に至らせてしまっ

たというのが中国政府のひとつの見解としてある。つまり、北朝鮮の核保有には中国政府にも大きな責任がある。ミサイルの射程範囲には日本だけでなく、北京も入る。それで、どうして中国が北朝鮮の核問題に消極的にしか関わらないといえるのか。中国当局が北朝鮮の核問題にどのようなアプローチをしているのか、その中でどのような平和教育が目指されているのか。こうした視点から、なぜもっと日本で報道されないのか、あるいは研究者がもっと発言しないのか、不思議である。別の可能性を比較に基づいて見いだしていく方法は、基本的ゆえに汎用性がある。非蓋然性の仮定に基づく、コンティンジェンシー理論は、問題の解決に向けた「多様な解」の探究に適した理論なのである。

2.現実性と可能性の差異が惹起する、意味による「選択の強制」
（1）意味概念と複雑性との間にある併行関係

　ここで、意味概念と複雑性との間にある併行関係について注意しておきたい。グローバリゼーションで深化する複雑性とは、それぞれの要素が他の要素と結びつきうる諸要素の集合のことである。複雑性が現実化する型は、すべて特定の基準の下で働く選択の関係として観察される。すなわち、複雑性は選択を強制する。

　そこでは、意味もまた選択の強制として観察される。意味には指示の過剰があり、私たちは、次に来るものとは別の可能性が過剰にある中で行為する。そうした選択がなければ、現実性を再生産して、あるものを処理したり操作したりすることはできない。

　選択のためには基準が必要となる。適切性、便宜性、合意可能性などを追求する中で、選択圧力の現実化が強要される。これは、複雑性の圧力の下で思考し、どの部分が他の部分と適合するかが問われる状況と同じ問題として観察される。すなわち、意味とは、複雑性を縮減する潜在的な形式であり、強制される選択問題を解消する形式として定式化される(Luhmann, 2002=2013: 174-175=2007: 293-295)。

(2) 意味の3つの次元

　意味というメディアは、進化の過程でどのように生まれるのか。常にコミュニケーションや意識のシステムに選択をさせるために(その時々の状況にその時々に応じて適応するために)、この現実性と可能性の差異を、システムの構造やメディアとすることがなぜ有利であったのかを問うてみる。ここから、意味の3つの次元(時間、事象、社会的)の区別に至ることができる。時間次元というのは、これまで／これからという区別である。事象次元というのは、これ(内)／これ以外(外)という区別であり、社会的次元は自／他という区別である(Luhmann, 2002=2013: 174-175=2007: 296)。

(3) 意味の2つの地平と、その地平の自己言及的な二重化(再参入)

　意味の共通構造としては、2つの地平をもつと同時に各地平はさらに二重化される入れ子構造になっていること、そしてこの二重化は自己言及的に構築されることの2点を挙げることができる。時間次元においては、過去のうちにさらに未来と過去がある。事象次元においては、内部にもさらにいくつかの部分があり、ある部分にとって内部の残りの部分が環境であり、あるいは環境の中にまた諸対象があって、諸対象にとっては出発点となった対象が環境となる。社会的次元においては、私と他者から出発しながら、観察者(他者、ただし自己を含む)が観察する私(他我)を私(自我)が観察するというように、自分の中で自我と他我に二重化される。

　このように、意味が同定されるということは、意味が内部と外部に向けてさらに細かく規定され、それが内部的にも外部的にも繰り返されること、すなわち、内外に向けて規定されうるものが内部においても外部において再び見出される「再参入」(re-entry)の構造による。この再参入の構造が、意味の3つの次元に共通して観察されるのである(Luhmann, 2002=2013: 174-175=2007: 299-300)。

3.意味の時間次元の特徴—「非同時的なものの同時性」という　パラドックス

　本書は、過去／現在／未来の三部構成で区切られている。私たち人類の共通

の財産でもある時間を21世紀リベラルアーツで概念化しなければならないと考える。例えば、1枚のルーズリーフの紙がある。この紙の下から上にどう行くか。この問題を誰が解決できるか。哲学にはそうした問題がある。答えは時間である。例えば、下から上に行くときに、ルーズリーフの穴を通って上に行く、あるいはその穴を回避して上に行く。当然、紙の上でのアプローチは幾通りもあるが、そこで共通して言えるのは時間をかけて空間的な移動を行うということである。だから、時間がこの問題を解決する一番のキーワードになる。

　時間については、ハイデッガー（Heidegger, Martin）が『存在と時間』で難解な問題を論じているが、私たちが身近な問題に直面したときに、やはり「時間をかけて解決しましょう」というのは、偉大な知恵である。つまり、時間というメディアはパラドックスを回避する力を持っている。

　近現代になってグローバリゼーションが深まり、時間はさまざまな特徴を持つようになったように見える。例えば遠藤周作『沈黙』のひとつのテーマは、なぜ神は不在なのか、なぜ私の前に現れてくれないのかということである。これはまさしく中世キリスト教世界の時間に関わる問題でもある。神が不在であることは、時間に関して、時間がもたらす意味がたくさんあることなのである。単に神がそこにいないことを表すだけではなく、今は不在であるがいつかは顕在化して救済に向かうという意味もある。あるいは今不在であることが、「おまえは一体どのような人間なのか」という問いかけにもつながる。あるいはその問いかけは、「自分は今までどのような人生を歩んできたのか」という問いかけにもつながっていく。

　しかし、歴史的に見ると、近代以降、次第に時間は顕在しているものと不在のものという差異との関わりを弱めてきたことがわかる。時間はひとつの独自な次元になり、体験と行為について、誰が／何を／何処で／何時ということを、もはや秩序づけるのではなく、何時ということだけを単独に秩序づける次元になっていく。そこでは、時間が指し示す意味そのものが単純化している。神がおられるか、おられないか。神が不在であることにより、まさしく多くの意味をもたらした時間ではなく、今はもう何時ということしか表さない。実は、この時間の機能的な単純化が、むしろ私たち

の時間の意味にかかわる観察を一層複雑化させているのである。

　時間は、顕在と不在に関しては中立的になり、不在の物を、それに到達するのに要する時間に留意することなく「同時的な」ものとして捉えることができるようになる。こうして、統一化された時間測定がようやく可能になるのであり、時間の意味論においては、時点のシークエンスもまた、その過去／現在／未来の諸関係から切り離されて、ある過去時点における過去／現在／未来とか、ある未来時点における過去／現在／未来のように、ある時点における諸関係に関連づけられるようになる（長岡, 2006: 226）。

　「非同時的なものの同時性」という「時間結合」には、パラドックスが必然的に含まれる。現在は同時性として捉えられるようになり、現在における決定への未来の依存が高まる。決定を介した「現在から見た未来」と「未来における現在」との差異は拡大し、未来の規定不可能性は、それぞれの現在において下される決定への依存性（循環的な結びつき）に求められる。

　時間の自己言及の中で、現在の変化に応じて、現在の「地平」である過去や未来も変化する。このような時間の把握によって、近代以降の社会では、複雑な時間の観察が可能になっている（Luhmann, 1991＝2003: 41-45＝2014: 49-54）。

4.意味の社会的次元にて先鋭化する「非同時的なものの同時性」が惹起する緊張関係

　前述したように、現在の決定が未来の結果を惹起する。その未来的現在と現在的未来は、異なるものとして違いが大きくなっていく。そして時間次元の差異の拡大が一番深刻に表れるのは社会的次元であるといわれている。

　ニクラス・ルーマンは、リスクと危険の区別に応じて、「決定者」と「被影響者」とを区別した（Luhmann, 1991＝2003: 111-134＝2014: 124-147）。私たちは、決定しないと次に進めないという意味で、決定が強制されている。しかし、そこには決定者だけでなく、決定に参加しておらず、決定結果を甘受するほかない被影響者がいる。この区別は、意味の事象次元というよりは、むしろ社会的次元に関わっている。例えば、原

発をつくることを決める決定者もいれば、私たちのようにそうした政策決定にほとんど関わることができない被影響者もいる。あらゆる決定において、決定者と被影響者の2つの立場が生み出される。

　では、現時点における決定が未来において惹起する結果はどうか。決定者がある時点に下した決定による将来の損害の可能性は、決定者にとっては「リスク」として現象するが、被影響者にとっては自分たちが被ることになるかもしれない「危険」として現象する。リスクは、対象の属性に関連して説明されるものではなく、その決定によってもたらされた結果がどこに帰結されるかという認識の違いによって考えられる。従って、ここでもうひとつ言えるのは、いくらリスクを予測してリスク軽減のための方法をほどこしても、そうしたこと自体が何らかの決定に関わっているので、リスクを根本からなくすことにはつながらないということである。リスク論が突きつけている残酷な側面は、まさしくここにある。私たちは決定しないといけないが、決定者と被影響者があって、いくら問題解決に向けた決定を繰り返しても決定そのものがリスクを呼び覚ます。

　そして、もっと深刻なのは、そうした決定が私たちの知らないところで同時的に無数に行われていることである。他者が決定したことが将来私たちにどのような帰結をもたらすかは、そのときにならないと分からない。あるいは、そのときになっても分からないことさえ多く存在する。決定者がその後取りうる社会的連帯と、決定に与れない人たちが将来とりうる社会的な連帯とは違ってくる。だから決定者と被影響者の社会運動は全く違ってくるし、連帯の基盤も異なってくる。要するに、時間の不可逆性にかかわる矛盾は、社会的次元で最も鮮明に現われる。決定者と被影響者という社会的次元の差異は、同じひとつの出来事に対する異なった意味づけを惹起し、将来の損害の可能性に対する人びとの観察や社会的連帯についての異なった形式を発展させていくからである（小松, 2003: 47-49）。

　こうした困難な問題に対して、21世紀のリベラルアーツはどう対峙することができるのか。どう考える力を身につけることができるのか。難しい課題だが、現実の社会の観察は、おそらく第1節で述べた2つの科学的アプローチの中では2番目の類型

の方がうまく説明できるだろう。

　ルーマンの社会システム理論は、「必然性の哲学から偶有性の理論へ」をスローガンとして掲げている。決定者と被影響者のひとつの出来事への異なる対応は、出来事のレベルでの自己言及、すなわち「基底的自己言及」(Luhmann, 1984: 600-601＝1995: 807-808)から説明される。以前の出来事と以後の出来事の時間次元における不可逆性の内容に関しては、社会的次元である自己と他者の間で、必ずしも意見が一致するわけではない。ここには「非同時的なものの同時化」という「時間的結合」が観察されると同時に、社会的次元において先鋭化する緊張関係も観察される(小松, 2003: 47-52)。

　そうだからこそ、現実の社会の観察で問題の所在を見極めようとする時は、セカンドオーダーの観察がうまくいく。ある人が話をしているときに自分自身の目は自分では見られない。自分の背中は見られない。あるいは頭の中で考えている言葉は正確に言えば自分では意味が分からない。それを言葉として発話したときに相手の反応を見て、初めて自分の考えていた言葉の意味が分かる。よく普段の会話で「何でそんなことを言うのか」と言われたら、「いや違うんだ。僕が考えていたのはそういう意味じゃない。こういうつもりで言ったんだけれど」というやりとりが生じる。つまり、自分が考えている意味は自分では分からないことを示している。これをセカンドオーダーで観察すれば、すなわち他者による自己の観察を観察することで、特に社会的次元において先鋭化する緊張関係の問題の所在も見ることができるようになる。

　セカンドオーダーの観察は、昨今の現実世界の問題が根源的にどこにあるのかを考える際には、非常に良い。ところが、実際にみんなで運動を起こして実践し、解決しようとする際に、セカンドオーダーでは大変になる。重たくなる。だから、やはり活動するときはファーストオーダー、つまり「私は観察する、だから動く」となる。もちろん時々、観察する私を観察する私もいる。この繰り返しである。

　例えば、徴用工訴訟問題がある。一方では、1965年の日韓請求権協定で決定したものは覆せない、それは国際法違反であるという決定がある。それに対して、

いや国民不在の中で勝手に決められても、その被害者、当事者、家族、遺族は全く納得していない。そうした決定はもう一度見直してもいいという決定がある。これら2つの決定は同じひとつの事実から派生する2つの結果である。私たちはなぜそこで比較ができないのか。決定に対する比較、すなわち問題に対して多様な解が可能性として開かれているという思考回路は、今の私たちの前では閉ざされている感じを受ける。

　難しい話のようにも見えるが、実はシンプルでもある。「ありそうになさの公理」に基づくカントの超越論的認識論やフッサール（Husserl, Edmund）の現象論は確かに難解に見えるかもしれない。その一方でこう言えば簡単ではないかと提案しているのがルーマンである。要するに、私たちは決定をしないといけない。決定に対しては責任もある。しかし、常に決定を求められているのだから、決定に対する決定も可能性として常に持ち続けようというメッセージなのである。要は、決定を繰り返すことが、ファーストオーダーとセカンドオーダーの観察の行き来の中でできるかどうかである。もし日本社会が、自らを振り返ることもなくこれでいいと言い続けているとするならば、私たちはそうした日本社会の決定をどのように観察できるのだろうか。絶えず決定をしなければいけないのであれば、再決定もあり得る。少なくともそうした可能性を考え続ける、悩み続けるのが21世紀のリベラルアーツである。ここでは、合理的な一貫性もまた、ひとつの自己記述（自己主張）として、再び再帰性の循環に差し戻されるのである。問題の解決は、新たな問題の出発点に過ぎない。私たちは考え続け、決定し続けなければならない。ゴールポストを後から動かすといったような揶揄では済まされない、人類で共有すべき知恵がここにはある。

参考文献

小松丈晃（2003）『リスク論のルーマン』勁草書房.

Luhmann, Niklas（1984）*Soziale Systeme: Grundriß einer allgemeinen Theorie.* Suhrkamp.（佐藤勉監訳『社会システム理論』上・下,恒星社厚生閣, 1993, 1995）

Luhmann, Niklas（1990）*Essays on Self-Reference.* Columbia University Press.（土方透・大澤善信訳『自己言及性について』筑摩書房, 2016.）

Luhmann, Niklas（1991＝2003）*Soziologie des Riskos.* Walter de Gruyter.（小松丈晃訳『リスク

　の社会学』新泉社, 2014.)

Luhmann, Niklas（2002=2013）*Einführung in die Systemtheorie.* Carl-Auer-Verlag.（土方透
　監訳『システム理論入門』新泉社, 2007.)

長岡克行（2006）『ルーマン／社会の理論の革命』勁草書房.

執筆者一覧（2020年3月現在）

青木 浩幸（あおき・ひろゆき）
　　　　国際基督教大学教養学部・助教

ウィリアムズ, マーク（Mark Williams）
　　　　国際基督教大学・国際学術交流副学長

海蔵寺 大成（かいぞうじ・たいせい）
　　　　国際基督教大学大学院アーツ・サイエンス研究科長・教授

才津 祐美子（さいつ・ゆみこ）
　　　　長崎大学多文化社会学部・教授

首藤 明和（しゅとう・としかず）
　　　　長崎大学大学院多文化社会学研究科長・教授

スティール, M.ウィリアム（M. William Steele）
　　　　国際基督教大学・名誉教授

高崎 恵（たかさき・めぐみ）
　　　　国際基督教大学アジア文化研究所・研究員

高松 香奈（たかまつ・かな）
　　　　国際基督教大学ジェンダー研究センター長・上級准教授

中村 桂子（なかむら・けいこ）
　　　　長崎大学核兵器廃絶研究センター・准教授

西村 幹子（にしむら・みきこ）
　　　　国際基督教大学サービス・ラーニング・センター長・教授

葉柳 和則（はやなぎ・かずのり）
　　　　長崎大学多文化社会学部長・教授

毛利 勝彦（もうり・かつひこ）
　　　　国際基督教大学教養学部・教授

平和の翼と波を広げる

―現在・過去・未来―

発 行 日	2020年7月23日　初版第1刷
発 行 人	片山 仁志
編 集 人	川良 真理
発 行 所	株式会社 長崎文献社

〒850-0057 長崎市大黒町3-1　長崎交通産業ビル5階
TEL. 095-823-5247　FAX. 095-823-5252
ホームページ http://www.e-bunken.com

印 刷 所	日本紙工印刷株式会社

©2020 ICU-Nagasaki University Partnership Research Project Printed in Japan
ISBN978-4-88851-3470　C0037
◇無断転載　複写を禁じます。
◇定価は表紙に掲載しています。
◇乱丁、落丁本は発行所宛にお送りください。送料当方負担で取り換えします。